디매오의 아들

"평범한 일상을 살아가는 진짜 그리스도인들에게"

최기열 지음

|목 차|

프롤로그
추 천 사
감사의 글

Chapter 1 "다윗의 자손 예수여"
- 이적(기적)의 분기점, 그리고 그 예외 / 3
- 두 맹인 / 4
- 덩달이 맹인의 복: "만남" / 6
- 믿음, 믿는 바에 따라 반응하는 것 / 9
- 호칭, 믿는 바가 밖으로 드러나는 시작점 / 12
- 보이는 눈을 가진 맹인들 vs 맹인이지만 보는 자 / 14
- 믿음, 들은 말씀에 대한 반응 / 16

Chapter 2 "많은 사람이 꾸짖어"
- 사회적 평균이라는 신앙의 이중성 / 20
- 밟히고 구겨진 오만 원 지폐 / 22
- 믿음, 낮은 자에게까지 반응하는 것 / 24
- 바디매오를 반기지 않는 교회 / 25
- 주님은 바디매오를 부르신다 / 28
- 주님의 관심 / 29

Chapter 3 "듣고, 소리 질러"
- 진짜를 가진 자가 강하다 / 33
- 세상은 복음을 이길 수 없다 / 38
- 제일 먼저 반응하는 주변 사람들 / 39
- 사람의 말에는 귀를 두껍게 하라 / 42
- 사람이 내게 어찌하랴 / 44

iii

Chapter 4 "그러나 더욱 크게 소리 질러"
- '그러나'(But) / 48
- 가장 아름다운 그러나(But) / 50
- 한 번의 외침으로는 부족하다 / 52
- 자동으로 완성되는 기도는 없다 / 55

Chapter 5 "그러자 예수께서 머물러 서서"
- '그러자'(And) / 60
- 거래 관계가 아닌 신뢰 관계 / 61
- 상처입은 치유자 / 62
- 하다 하다 안될 때 / 63
- 그리하면 더하신다 / 65
- 감사와 찬양의 원인인 하나님 / 66
- 결과보다 원인이 앞서야 / 68

Chapter 6 "겉옷을 내버리고"
- 마지막이자 전부인 겉옷 / 73
- 버리지 말아야 할 것을 버리다 / 76
- 신앙은 계산하는 것이 아니다. / 77
- 다른 것들(these)보다 나를 더 사랑하느냐? / 79
- 예수님의 경쟁자, 돈 / 80
- 보물에 마음이 담긴다 / 83

Chapter 7 "네게 무엇을 하여 주기를 원하느냐"
- 테스트 / 87
- 믿음 테스트 / 89
- 성도의 교제로 믿음을 훈련하라 / 91
- "랍오니여"($ῥαββουνί$) / 92
- 호칭에 담긴 비밀 / 94
- 비범함이 아닌 평범함이다 / 95
- 세속의 영광을 구하는 제자들 / 97
- 그리스도인은 '대박'이 없다 / 99

Chapter 8 "네 믿음이 너를 구원하였느니라"

- 예수님이 인정한 '믿음 4인방' / 104
- 오직 믿음과 그 내용 / 106
- 자랑일 수 없는 구원(오직 은혜) / 108
- 심령이 가난한 자는 복이 있나니 / 111
- 구원은 / 112

Chapter 9 "곧 보게 되어"

- 말씀이 능력이다. / 116
- 하나님의 능력 = 말씀의 능력 / 117
- 말씀의 방향성 / 119
- 본심이 태도를 이끈다 / 121
- 말씀의 충분성과 권위성 / 123
- 말씀, 상처를 이기는 힘 / 125

Chapter 10 "곧 보게 되어 예수를 따르니라"

- '본질'에서 '능력들'이 나온다. / 130
- 말씀의 '격려'하는 능력 / 132
- 말씀의 '치유'하는 능력 / 134
- 말씀의 '구원'하는 능력 / 137
- 말씀의 '변화'시키는 능력 / 138
- 능력 이전에 믿음이다 / 139

Chapter 11 "따르니라"

- 말씀을 가까이하라 / 144
- 검색이 아닌 사색을 하라 / 146
- 팬이 아닌 제자가 되라 / 149
- 반(半)만 그리스도인 / 150
- 무엇이 어리석은 것입니까? / 153

에필로그 / 157

| **프롤로그** |

집필 동기 "다시 믿음으로"

 '구원 얻는 믿음'(칭의적 믿음)은 단회적 사건이지만, '예수를 닮아가는 믿음' 즉 '예수다운 믿음'(예수다움)은 점진적으로 계속되어야 하는 믿음입니다. 이를 '성화적 믿음'이라고 합니다. 이런 의미에서 그리스도인의 신앙고백은 한 번으로 완성되지 않습니다.

 오늘날 그리스도인들에게 강조되는 믿음은 성화적 믿음입니다. 세상은 우리가 가진 칭의적 믿음을 보는 것이 아니라, 얼마나 예수님을 닮았는지를 보기 때문입니다. 믿음은 보이지 않지만, 그리스도인이 맺는 열매들은 세상에 보이기 마련입니다. 물론 예수님을 닮아가는 것이 그리스도인들에게 칭의를 주신 목적이기도 합니다.

 성화는 칭의(믿음)에 뿌리를 두고 있기에, 칭의 또한 무시되어서는 안됩니다. 칭의적 믿음이 튼튼하고 강할수록 성화적 믿음도 아름답게 열매 맺기 때문이지요!

 저는 그리스도인의 신앙고백 이후, 칭의적 믿음에서 나오는 신앙고백의 중요함을 강조하고 싶습니다. 그 신앙고백은 자기가 믿는 믿음에 대한 고백(칭의)이든, 성화적 고백이든 모두를 포함합니다.

성경에서 예수님을 향한 제자들의 신앙고백 이후, 예수님이 다시 한번 믿음을 강조한 사건을 찾아 확인해 보았습니다. 베드로의 신앙고백 이후 예수님이 행하신 이적이 현저하게 줄어듭니다. 물론 십자가 사건을 향해 가기 때문이지요. 그럼에도 예수님이 제자들에게 다시 한번 믿음의 중요성을 강조하기 위해 사용한 이적을 살펴보니, 디매오의 아들인 맹인 바디매오가 눈을 뜬 이적이 있었습니다. 예수님은 이 이적에서 선명하게 믿음과 구원을 말씀하셨습니다(마 20:29-34; 눅 18:35-43; 막 10:46-52). 물론 귀신들린 아이의 치유 이적도 있습니다(마 17:14-20; 눅 9:37-43; 막 9:14-29). 이 사건에서 예수님은 기도를 강조하셨습니다. 기도는 믿는 대상에 대한 믿음이 있어야 가능하기에 역시 믿음에 대한 강조로 볼 수 있습니다. 왜냐하면 예수님은 불의한 재판관과 과부 비유(눅 18:1-8)에서 "항상 기도하고 낙심하지 말아야 할 것"을 말씀하시면서, 비유의 마지막에서 "인자가 올 때에 세상에서 믿음을 보겠느냐"(눅 18:8)라며 기도를 믿음으로 연결했기 때문입니다.

예수님이 '믿음이 있다는 제자들'에게 '다시 한번 믿음'을 강조하기 위한 이적 도구가 바디매오 사건입니다. 따라서 바디매오 이적 사건은 오늘날 믿음을 고백한 그리스도인들에게 자신의 믿음을 살펴볼 가장 좋은 도구라고 생각합니다.

본서의 목적 "그리스도인의 능력, 평범함을 믿음으로 살아내는 것"

본서의 제목은 「디매오의 아들」로, 부제는 "평범한 일상을 살아가는 진짜 그리스도인들에게"입니다. 부제를 반대로 해석하면 "신앙을 대박(또는 성공)으로 오해하는 가짜 그리스도인들에게"입니다. 즉 제목에서 알 수 있듯이, 그리스도인이 가져야 할 "성공에 대한 바른 정의는 대박이나 고지론(高地論)에서 나타나는 것이 아니라 평범한 일상의 삶에서 믿음으로 나타난다"라고 외치고 싶습니다.

　세상의 많은 사람이 그러하겠지만, 그리스도인조차 높은 곳에 올라가는 성공이나 고지론을 좋게 여깁니다. "고지에 있으면 세상을 향한 많은 영향력을 행사할 수 있다"라고 여기기 때문입니다. 물론 영향력 면에서 부인할 수 없는 사실입니다.

　그러나 역사 속에서 하나님의 일하심인 '구속역사'는 고지론자들에 의해서 흘러간 것이 아니라, 신앙으로 평범한 일상을 살아가는 참 신앙인들에 의해서 흘러갔다는 사실입니다.

　'시대의 흐름'인 고지와 성공을 좇아간 자가 아니라, 하나님이 이끄시는 '구속 역사의 흐름'을 좇았던 자들에 의해 역사는 흘러갔습니다. 인간의 의지가 아니라 하나님의 뜻과 섭리대로 되는 역사이지요.

　옛 세상 - 노아의 홍수 이전의 세상 - 에서의 아웃 사이더로 살았던 노아가 주의 말씀을 붙잡고 평범한 일상을 살았습니다. 그 결과 그는 인류의 두 번째 시조가 되었습니다. 노아 시대에 용사이고 명성이 있었던 - 시대의 트렌드(trend)였던 - 네피림들은 모두 물로 심판받아 흔적도 없이 사라졌습니다.

　또한 가나안 땅에서의 이방인이자 노인이었던 아브라함은 여호와 하나님이 주신 약속의 말씀을 좇아 믿음으로 살았습니다. 아브라함이 믿음의 조상으로 불리기는 하나, 그가 죽을 때 가졌던 땅은 고작 아내 사라와 자신이 묻힌 땅이 전부였습니다. 가나안 땅에서만 100여 년을 지낸 세상적 결과는 약 3평의 땅이라 할 수 있습니다. 물론 주변의 밭과 나무들도 포함되었으나 대단한 평수는 아닙니다.

　그러나 히브리서의 기자는 노아와 아브라함을 포함한 조상들에 대해 다음과 같이 증언합니다. "믿음이 없이는 하나님을 기쁘시게 하지 못하나니 하나님께 나아가는 자는 반드시 그가 계신 것과 또한 그가 자기를 찾는 자들에게 상 주시는 이심을 믿어야 할지니라 믿음으로 노아는 아직 보이지 않는 일에 경고하심을 받아 경외함으로 방주를 준비하여 그 집을 구원하였으니 이로 말미암아 세상을 정죄하고 믿음을 따르는 의의 상속자가 되었느니라 믿음으로 아브라함은 부르심을 받았을 때에 순종하여 장래의 유업으로 받을 땅에 나아갈새 갈 바를 알지 못하고 나아갔으며 믿음으로 그가 이방의 땅에 있는 것 같이 약속의 땅에 거류하여 동일한 약속을 유업으로 함께 받은 이삭 및 야곱과 더불어 장막에 거하였으니 이는 그가 하나님이 계획하시고 지으실 터가 있는 성을 바랐음이라"(히 11:6-10). 히브리서 11장에 나타난 믿음의 영웅들에 대한 이야기는 "평범한 일상을 믿음으로 살았던 신앙인들(그리스도인들)의 이야기"입니다.

물론 요셉, 다윗, 다니엘, 느헤미야와 같이 고지에 앉은 신앙인도 있었습니다. 그러나 알아야 할 것은 이러한 신앙인들조차 평범한 일상을 믿음과 신앙으로 살아낸 과정이 있었다는 것을 성경이 증언합니다.

따라서 평범한 일상을 믿음으로 살아보지 못한 자가 고지론에서 신앙으로 살아갈 가능성은 극히 낮습니다. 그렇다고 미답지론(未踏地論) - 낮은 곳 - 에서만 그리스도인의 성공을 말하는 것도 아닙니다. 누군가는 세상의 고지가 평범한 일상일 수도 있으며, 하나님은 고지에 있는 그리스도인을 통해 하늘의 뜻을 이루어가시기 때문입니다. 예를 들어 부자인 아리마대 요셉에 의해 예수님의 시체는 부자의 묘실에 들어갔고, 이사야의 예언(사 53:9)이 성취되었습니다.

중요한 것은 그리스도인에게 있어 영적 파워(power)란, 삼위 하나님이 선물로 주신 평범한 일상을 - 고지이든 미답지이든 - 믿음을 좇아 신앙으로 사는 것입니다.

그리스도인의 모델인 예수님의 삶이 그러했습니다. 예수님의 생애를 일반적으로 33년이라고 할 때, 예수님은 자신에게 주어진 사적 생애인 30년을 무명으로 평범한 일상을 보냈습니다. 즉 요셉과 마리아의 아들로서 지냈으며, 요셉이 죽은 후에는 한 가정의 가장이자 목수로서 그 평범한 일상을 살았습니다. 반면에 예수님은 공적 생애인 3년 동안 유명세로 주어진 일상을 보냈습니다. 예수님은 자신의 주어진 환경이 어떠하든 간에 성부 하나님과 성령 하나님과 더불어 자신에게 주어진 일상을 지냈습니다. 이것이 예수님의 능력이었습니다.

특히 제가 강조하고 싶은 것은, 30년의 사적 생애를 무명으로 보낸 예수님의 시간은 유명함으로 보낸 공생애보다 10배나 많습니다. 성공하여 유명세를 떨치는 시간보다 무명으로 평범한 일상을 보낸 시간이 더 많았습니다. 이를 비유적으로 적용하면 이 땅에 살아가는 유명한 그리스도인들보다 무명으로 살아가는 그리스도인들이 훨씬 많다는 것으로 말합니다. 사실이기도 합니다.

여기에 착안하여 이 땅에서 하나님이 주신 시공간에서 평범한 일상일지라도 하늘의 뜻을 붙잡고 살아가는 '대다수 그리스도인'을 위로하고 싶었습니다.

바디매오가 제격입니다. 바디매오는 자신의 진짜 이름이 아닙니다. 그 뜻이 '디매오의 아들'이니 진짜 이름을 알 수 없습니다. 진짜 이름을 알 수 없다는 것은 '평범함'의 대표입니다. 오늘날 많은 그리스도인은 일부를 제외하고 세상에 자신의 이름이 알려지지 않습니다. 이름이 알려져야 성공일까요? 그렇지 않습니다. 게다가 디매오의 아들은 육체적으로 정상인이 아닙니다. 시각장애인 – 성경의 표현으로는 맹인 – 이기 때문입니다. 또한 경제적으로 풍요롭지 못한 거지입니다. 즉 바디매오는 주위의 누군가의 도움으로 살아가는 인생입니다.

이 땅에는 디매오의 아들과 같이 세상에 알려진 이름없이, 이웃과 더불어 도움을 받고 도움을 주며 살아야 하는 그리스도인들이 훨씬 많습니다. 아니 대다수 그리스도인의 인생이 그러합니다.

중요한 것은 하나님이 디매오의 아들에게 주신 일상을 디매오의 아들이 믿음으로 살아내었다는 사실입니다. 예수님은 그 믿음을 인정하시고 구원을 말씀하셨습니다. "예수께서 이르시되 가라 네 믿음이 너를 구원하였느니라"(막 10:52). 따라서 디매오의 아들은 오늘의 평범한 일상을 살아가는 그리스도인들에게 "믿음"을 얘기하는 본이 되는 것입니다.

디매오의 아들을 통해 평범한 일상을 믿음으로 사는 자들을 위로하고 격려하고자 합니다. 가장 낮은 자일 수 있는 바디매오가 자신의 일상에서 신앙고백과 믿음을 살아냈다면, 모든 그리스도인도 마땅히 우리들의 일상에서 믿음을 결단하며 신앙인으로 살아야 하지 않겠습니까?

본서를 들어가기 전에

1) 본서는 2장부터 각 챕터를 '지난 내용 체크'로 시작했습니다. 대부분의 도입을 본론으로 가기 위해 디딤돌로 삼는데, 본서는 지난 장의 내용을 다시 한번 상기하여 디딤돌로 이어지는 믿음의 다리를 견고히 놓고자 합니다. 복습으로 확인과 영적 유익도 누려보십시오.

2) 본서에서 믿음을 정의할 때, '성화적 믿음'을 그 내용으로 한 경우가 많습니다. 물론 칭의적 믿음 - 하나님의 아들 예수 그리스도(믿음의 대상)가 행하신 십자가에서의 대속적 죽음과 부활(그 대상이 행한 일)을 믿는 믿음 - 도 다루고 있습니다. 다만 바디매오 이적 때는 아직 예수 그리스도가 십

자가를 지시기 전이므로, 바디매오의 믿음에서 나오는 행동에 주목했기에 이를 성화적 믿음으로 정의했습니다.

3) 바디매오 본문을 중심으로 신구약 전반을 유기적으로 연결하려고 했습니다. 왜냐하면 성경의 한 본문일지라도 성경의 모든 본문과 연결되기 때문입니다. 그래서 예화가 필요할 경우 성경에서 먼저 찾았고, 바디매오 메시지를 확증하려고 애썼습니다.

최기열 목사는

고려신학대학원(M.Div.)을 졸업하고 총신대 선교대학원(Th.M.)과 총신대 목회신학전문대학원(Th.D.)을 졸업했으며, 성경과 배운 신학적 원리로 교회를 섬기고 있습니다. (현 깊은샘교회 담임)

| 추천사 |

※ 추천사는 최기열 목사의 평범한 일상을 실질적으로 아는 분들에게서 받았습니다. 추천하신 분들도 삼위 하나님께서 주신 다양한 환경에서 평범한 일상을 진짜 그리스도인으로서 살아가시는 분들입니다. 그래서 추천사는 "평범한 일상을 진짜 그리스도인으로 살아가는 분들"이 전하는 본서에 대한 증언입니다. 그래서 추천사를 수정하지 않고 그대로 옮겼습니다. 경어체와 평어체가 공존하니 양해를 구합니다.

이병욱 박사 (대암클리닉원장) (남서울교회 사역 시 교구장)

세상 자녀로 살다가 놀라우신 하나님의 자녀가 되면 우리의 자아상이 변합니다. 즉 우리의 인생관, 세계관, 가치관이 변하게 됩니다. 우리가 칭의되고 성화되고 영화되어 날로 성숙해갑니다. 그러기에 우리 그리스도인의 일상은 평범해보여도 우리는 '무명한 자 같으나 유명한 자로 ~ 아무 것도 없는 자 같으나 모든 것을 가진 자'(고후 6:9-10)로 삽니다.

바디매오는 장애인이요 고통 중에 있었지만 믿음의 사람이었습니다. 믿음으로, 주님 은혜로 장애를 이긴 사람입니다. 그는 시각장애인으로 어둠 가운데 있었지만 빛을 보고 있었습니다. 그는 가난했지만 주님 안에서 부요한 마음을 가진 자였습니다. 그는 도움을 받는 자였지만 언젠가는 도움을 나누기를 기대하고 산자입니다. 이름은 없었지만 주님은 그 생명을 기억하는 자입니다. 현실의 어려움을 낙망하기보다 믿음으로 사는 자입니다.

일상이 장애가 되지 않고 기쁨과 감사로 사는 자였습니다. 예수님을 전심으로 따르는 자가 되었습니다. 꾸짖는 사람의 음성을 듣기보다 주님의 목소리에 귀 기울이는 사람이었습니다. 때가 되면 즉시 순종하고 반응하는 사람이었습니다.

최기열 목사님은 말씀을 깊게 풀어냅니다. 말씀을 균형있게 조명하는 기도하는 목회자입니다. 삶과 설교가 같이 가려고 애쓰시는 인격자입니다. 이 시대에 평범한 일상을 믿음으로 살아가는 디매오의 아들 같은 모든 그리스도인들에게 쓰신 이 책을 기쁘게 추천합니다. 이 책을 다 읽고 덮는 순간 주님 손잡고 평범한 일상의 소중함을 아는 참된 제자의 삶으로 성숙해가는 당신을 발견하게 될 것입니다.

일상의 소중함을 알아가는 자신을 만날 것입니다.

윤동환 장로 (해커스 변호사 민법 담당) (청년 시절 함께한 믿음의 동역자)

최기열 목사님은 '흔들리던' 청년의 때를 함께 보낸 20년지기 친구입니다. 그 흔들림 속에서도 하나님의 은혜와 말씀으로 '단단함'을 겸비한 보기드문 '순결한' 사역자입니다. 저는 보내주신 원고를 읽으며 '바디매오'의 신앙고백이 최목사님의 신앙고백의 울림으로 와 닿았습니다.

'올바른 믿음과 구원'이라는 어려운 신학적인 문제를 '바디매오'의 예를 통해 이해하기 쉽게, 또 평범한 일상을 살아가는 그리스도인들에게 실천적인 도전의 메시지를 던지고 있습니다. 특별히 각 쳅터에 '나눔'과 '지난 내용 체크'가 있어 구역모임이나 성경공부 모임에서 한주간 묵상하고 실천한 내용들을 나눌 수 있는 좋은 도구가 될 수 있을 것 같습니다.

예수 그리스도를 향한 '절박한 갈망'이 말씀을 사색(묵상)하게 하고, 그 말씀에 인생을 던져 그 믿는 바에 따라 반응했던 바디매오와 최목사님의 믿음이 우리 모두의 신앙고백이 되기를 소망해 봅니다.

곽수관 목사 (인천선두교회 담임) (모교를 떠나 사역한 첫 교회)

말씀대로 주님을 따르고 말씀대로 교회를 목양하려는 최기열 목사의 열정과 성도들을 향한 목자의 사랑이 뜨겁게 느껴지는 귀한 책이다. 바디매오가 예수님을 만나 새 삶으로 나아가는 이적을 통해 참된 그리스도인이 된다는 것과 매일의 일상에서 그리스도의 제자로 살아간다는 것이 무엇인지를 풀어간다. 깊은 묵상을 통해 말씀을 깊이 있게 해석하여 오늘의 삶에 폭넓게 적용하고 있다. 단 일곱 구절의 한 사건에서 기독교의 기본 교리와 참된 제자도를 설득력 있게 파헤치고 있음이 놀랍다. 매장마다 〈나눔〉을 위한 질문을 더해 목장(구역)모임이나 그룹성경공부 교재로도 좋겠다. 믿음의 길을 출발하는 새신자들뿐 아니라, 힘겨운 세상 평범한 일상에서 예수의 사람으로 참된 그리스도인의 삶을 살고자 하는 모든 이들에게 이 책을 적극 추천한다.

이종인 목사 (울산대 교수, 울산언약교회 담임) (울산개혁신학포럼 멤버)

마가복음 10장에 기록된 바디매오의 이야기를 11편의 장에 담은 주옥같은 복음의 메시지다. 거센 시련 앞에서 도드라지지 않고 특별할 것 없이 묵묵히 주를 의지하며 살아가는 성도들에게 따뜻한 위로를 전달하고 있다. 탄탄한 교의와 주해로 성실하게 빚어낸 메시지 속에 하나님과 성도들을 향한 깊은 사랑이 묻어난다.

신휘권 목사 (서울숲교회 교구 담당) (청년 시절 함께한 믿음의 동역자)

이 책은 '구원을 얻는 믿음'(칭의적 믿음)을 넘어 '예수를 닮아가는 믿음' (성화적 믿음)을 살기 위해 몸부림치는 최기열 목사님의 모습이 고스란히 담겨져 있습니다. 들은 말씀에 대해 간절한 마음으로, 그리고 순전하게 반응하기를 강조하는 목사님의 글은 '사회적 평균' 이하로 살아가는 분들에게 – 물론 평범한 일상을 사는 다수의 분들에게도 – 다정하신 예수님의 마음으로 다가올 것입니다. 부디 이 책을 통해 참된 믿음의 길을 걸어가기를 원하시는 하나님의 마음을 더 깊이 알아가시는 분들이 많이 생겨나기를 소원하며 이 책을 추천합니다.

진상원 목사 (울산남부노회 노회장, 범서서부교회 담임)(현재 속한 노회)

오늘날 그야말로 설교가 홍수를 이루고, 설교집이 봇물처럼 터져 나오는 시대이긴 하지만 깊은 연구와 묵상을 통해 나오는 설교를 찾기란 쉽지 않습니다. 원색적이고 자극적인 표현으로 흥미를 유발하기도 하고, 설익은 표현으로 말씀이 주는 진짜 맛은 온데 간데 없이 사라지고 온갖 조미료로 범벅이 되어 원재료의 맛을 날려버리기도 합니다. 더욱이 그 설교에 신학과 교리까지 더하여진 것은 정말 찾아보기 어렵습니다. 그야말로 외치는 자 많건마는 생명수가 마른 시대라 할 수 있습니다. 이런 시대에 최기열 목사와 같은 설교자가 있는 것은 굉장히 감사할 일입니다. 그가 전하는 메세지에는 깊은 묵상과 설교자로서의 고민을 가지고 녹여낸 복음 진리와 교리적인 가르침이 담겨져 있습니다.

공관복음서의 기자들이 공히 관심을 갖고 자기의 관점에서 조금씩 다르게 기록한 '예수님과 바디매오의 만남에 대한 썰'을 풀면서 하나님의 선하신 뜻을 따라 이미 예정되어 있던 한 사람의 불신자가(예정) 말씀을 들음을 통해 믿음을 갖게 되고(칭의), 그리스도를 만나 참 신앙인이 되어 가는 과정(성화)이 그대로 설교되어 있습니다. 단순히 소경이었던 바디매오라는 사람이 운좋게 나사렛 예수가 지나간다는 소리를 듣고 소리를 지르는 바람에 예수님을 만나 눈을 뜨게 되는 뻔한 스토리가 아닙니다. 예수님을 만나기까지 겪는 악한 영의 방해와 그럼에도 불구하고 자기의 사람을 찾아 구원하시는 하나님의 열심과 은혜로운 역사가 담겨져 있으며, 나아가 그 은혜에 대한 반응으로 겉옷으로 대변할 수 있는 자신의 모든 것을 버려두고 그리스도를 따르는 제자도의 모습까지 담고 있습니다.

따라서 이 책은 명확하게 '이거다'라고 드러내지는 않지만 구원의 서정이 담겨져 있기 때문에 처음 신앙을 접하고 그리스도인으로 걸음마를 시작하는 자들에게는 예정부터 시작하여 부르심과 의롭게 됨 그리고 헌신의 과정을 통해 그리스도인이란 어떤 존재인지, 어떻게 성장해가야 하는지를 설명하는 친절한 안내서가 될 것입니다.

또한 그리스도인으로 살고 있는 기존의 성도들에게는 자신의 구원을 점검하는 기회가 될 뿐만 아니라 현재 내가 살아가고 있는 모습과 비교해봄으로써 참 제자의 삶을 점검해 볼 수 있는 훌륭한 기회가 될 것입니다.

마틴 로이드 존스 목사님이 말씀하신 것처럼 설교자는 설교를 통해 바른 교리를 담아내고, 전달하려고 애를 써야 합니다. 저자는 어떤 교리라고 명사화해서 말하거나 개념을 가지고 말하지는 않지만 철저하게 교리에 기초해 있고, 그 교리가 밝히 드러나고 있습니다. 그런 면에서 이 책은 이 시대의 설교자들에게 참고가 될 수 있습니다. 아울러 조국 교회의 많은 그리스도인이 이 책을 읽고 신앙과 영적 성장에 큰 유익을 얻게 되기를 바랍니다.

박용현 집사 (삼성전기 근무) (청년 시절 함께한 믿음의 동역자)

우리들 젊은 시절 그 청춘이 가난하고 서러워서 늘 외소하게 살아가던 그 시간들 속에서 최기열 목사를 만났었습니다. 실패하고 실패하고 그래서 다시 겨우 힘내서 세상에 나가려고 걸음을 내디딜 즈음이었습니다. 우리는 그 서러움이 가득한 시간들을 통과하는 자들의 연대속에서, 주님의 순결한 신부의 삶을 살아내고자 발버둥치는 평범하고 맹인같은 디매오의 아들같은 삶속에서, 책을 읽는 내내 그 시간들 속에서 내 가슴은 한동안 늘 먹먹하게 있었습니다! 각자의 삶을 존귀히 채워나가며 거룩하고 순결한 사도적 삶을 지켜내려고 분투하는 시간들로 끝까지 살아내길 바랍니다. 평범하고 위로가 필요한 모든 서럽고 아픈 영혼들에게, 성령 하나님의 평안, 말씀의 능력과 위로가 이 책을 읽는 독자들 모두에게 가득하길 소원합니다.

| 감사의 글 |

본서 「디매오의 아들」은 평범한 일상을 진짜 그리스도인으로 살아가는 동역자들의 도움과 섬김을 받았습니다. 동역자들의 사랑이 없었다면 출간되지 못했을 것이기에 감사의 인사를 전합니다.

훈련받고 성장할 수 있도록 격려와 기도로 도와주신 교회들과 성도님들의 도움이 컸습니다. 마산신광교회, 인천선두교회, 남서울교회, 대구동일교회, 포항대흥교회, 울산미포교회가 그러합니다. 참으로 다양한 경험과 훈련을 받았습니다. 하나님을 알고 교회를 알고 교인을 알았습니다. 그러고서야 제게 주어진 사명이 무엇인지를 볼 수 있었고 그 길을 갈 수 있었습니다.

제가 말씀 사역자로 세워지는 중요 시점마다 중요한 길잡이가 되어주신 교사분들이 있었습니다. 말씀 사역자의 부르심을 승인해 주신 (천국에 계신) 김득진 목사님, 한 영혼에 대한 사랑과 헌신을 알게 해 주신 곽수관 목사님, 말씀에 대한 사랑과 헌신을 알게 해 주신 김성원 목사님, 모든 일을 하나님의 일하심으로 고백케 하신 이병욱 장로님, 그리고 평범한 청년의 시절을 믿음으로 함께 걸었던 신낙수 동역자들(박용현, 신휘권, 윤동환, 윤광열, 문지현, 김현, 그리고 그의 가족들), 대기충 동역자들(강대진 목사, 김충일 목사)에게 감사의 인사를 전합니다.

무엇보다도 매주 말씀을 언약 갱신의 시간으로 믿고 말씀을 받은 깊은샘 교회에 감사의 인사를 전합니다. 교정으로 기꺼이 섬겨주신 김지혜 집사님과 청년부 지체들, 표지를 디자인해 주신 김민서 자매님, 출판으로 섬겨주신 조윤호 집사님께 감사 드립니다.

특히 두 인생이 각자의 인생을 살다가 부부로 만나 한 인생을 믿음으로 사는 아내 김미애, 하나님이 고르고 골라서 주신 선물인 첫째 진, 둘째 민, 막내 선에게 감사와 사랑의 인사를 전합니다. 물론 앞선 부모님(최성길, 이순란, 故김기옥, 박영순)의 은덕이 있었음은 당연합니다. 모든 것이 주님의 일하심이며 은혜입니다.

삼위 하나님의 주권적 선하심을 찬양합니다. 하나님의 이름과 하나님의 나라와 하나님의 뜻이 영광으로 성취되고 있음을 고백하며 찬양합니다.

디매오의 아들

"평범한 일상을 살아가는 진짜 그리스도인들에게"

(막 10:46-52)

46 그들이 여리고에 이르렀더니 예수께서 제자들과 허다한 무리와 함께 여리고에서 나가실 때에 디매오의 아들인 맹인 거지 바디매오가 길 가에 앉았다가

47 나사렛 예수시란 말을 듣고 소리 질러 이르되 다윗의 자손 예수여 나를 불쌍히 여기소서 하거늘

48 많은 사람이 꾸짖어 잠잠하라 하되 그가 더욱 크게 소리 질러 이르되 다윗의 자손이여 나를 불쌍히 여기소서 하는지라

49 예수께서 머물러 서서 그를 부르라 하시니 그들이 그 맹인을 부르며 이르되 안심하고 일어나라 그가 너를 부르신다 하매

50 맹인이 겉옷을 내버리고 뛰어 일어나 예수께 나아오거늘

51 예수께서 말씀하여 이르시되 네게 무엇을 하여 주기를 원하느냐 맹인이 이르되 선생님이여 보기를 원하나이다

52 예수께서 이르시되 가라 네 믿음이 너를 구원하였느니라 하시니 그가 곧 보게 되어 예수를 길에서 따르니라

Chapter 1 "다윗의 자손 예수여"

그들이 여리고에 이르렀더니 예수께서 제자들과 허다한 무리와 함께 여리고에서 나가실 때에 디매오의 아들인 맹인 거지 바디매오가 길 가에 앉았다가 나사렛 예수시란 말을 듣고 소리 질러 이르되 **다윗의 자손 예수여** 나를 불쌍히 여기소서 하거늘 (막 10:46-47)

이적(기적)의 분기점, 그리고 그 예외

예수님이 행한 이적들에는 분기점이 있습니다. 마태복음 4장은 예수님의 행적에 대해 증언합니다. "예수께서 온 갈릴리에 두루 다니사 저희 회당에서 가르치시며 천국 복음을 전파하시며 백성 중에 모든 병과 모든 약한 것을 고치시니 그의 소문이 온 수리아에 퍼진지라 사람들이 모든 앓는 자 곧 각색 병과 고통에 걸린 자, 귀신 들린 자, 간질 하는 자, 중풍병자들을 데려오니 저희를 고치시니라"(마 4:23-24). 실제 주님은 마태복음 16장에 이르기까지 주님을 찾아오는 모든 종류의 병자를 예외 없이 치유해 주셨습니다.

그러나 어떤 분기점으로 해서 치유 기사는 현저하게 사라지고 맙니다. 바로 마태복음은 16장(마가복음은 8장 27절)에 나타난 베드로의 신앙고백부터입니다. "주는 그리스도시요 살아계신 하나님의 아들이니이다"(마 16:16) 왜 그렇겠습니까? 예수님에 대한 올바른 고백이었기에, 주께서는 '이제 되었다'라는 것입니다.

예수님의 수많은 치유 이적은 예수님이 이 땅에 오심으로 해서 '하나님

나라가 임했다'라는 가시적 표시이나, 기적과 병 고침이 구원을 보장하는 것은 아닙니다. 이적들은 신앙고백과 믿음으로 나아가기 위한 도구이자 통로이기 때문입니다. 예수님은 베드로의 신앙고백을 기점으로 십자가의 죽음을 본격적으로 예고하십니다. 그리고는 제자들에게 대속적 죽음의 의미와 부활에 대한 것을 가르치십니다. 이 원리를 알고 있으면 예수님의 행적들을 이해하는 데 도움이 됩니다.

그런데 베드로의 신앙고백 이후, 몇 안 되는 소수의 치유 기적이 있습니다. 대표적으로 두 개가 있고, 공관복음 모두에 기록되어 있습니다. 귀신 들린 아이의 치유 사건(마 17:14-20; 눅 9:37-43; 막 9:14-29)과 바디매오의 치유 사건(마 20:29-34; 눅 18:35-43; 막 10:46-52)입니다. 두 사건 모두 "예수님을 향한 믿음"과 관련되어 있습니다. 예수님은 이 예외적 이적을 통해 '믿음이 얼마나 중요한지'에 대해 제자들에게 가르칠 필요가 있었던 것입니다.

두 맹인

마가복음에 기록된 바디매오에 대한 시작입니다. "그들이 여리고에 이르렀더니 예수께서 제자들과 허다한 무리와 함께 여리고에서 나가실 때에 디매오의 아들인 맹인 거지 바디매오가 길 가에 앉았다가"(막 10:46)

마가복음은 치유 받은 사람에 대한 정보를 알려주고 있습니다. 공관복음에서 치유된 사람의 이름을 알려 주는 유일한 사건입니다. 다만 정확한 이름은 아닙니다. 맹인의 아버지 이름이 '디매오'이고, 그 앞에 '아들'을 뜻하는 '바'라는 접두어를 붙여 '바디매오'라고는 부르나, 정확히는 '디매오의 아들'인 것이지요. 본서에는 '바디매오'라고 부르겠습니다.

예수님이 여리고에 이르렀다는 것은 십자가 대속적 죽음을 위한 마지막 예루살렘행 중 마지막 도시라는 뜻입니다. 따라서 바디매오의 치유 이적은 예수님의 고난과 십자가 죽음 전에 일어난 마지막 이적 사건입니다. 기회라는 것도 마지막이 있습니다. 따라서 예수님과의 만남에도 마지막 기회가 있습니다. 바디매오에게는 예수님의 살아생전 마지막 기회입니다. 왜냐하면 예수님은 곧 십자가의 대속적 죽음을 감당하시기 때문입니다. 물론 바디매오는 이 사실을 몰랐겠지만, 바디매오가 주님과의 만남에 마지막 기회인 것처럼 간절했음을 알 수 있습니다.

마태복음에서는 "2명의 맹인이 있었다"라고 기록하고 있으나(마 20:30 "맹인 두 사람이 길 가에 앉았다가"), 마가복음과 누가복음은 바디매오만 기록하고 있습니다. 그렇다면 이 기적이 서로 다른 것인가? 그렇지 않습니다. 두 명의 맹인 중에 바디매오가 더 적극적인 모습을 보였기에, 누가와 마가는 바디매오를 클로즈업함으로 집중조명하여 기록한 것입니다. 어찌보면 바디매오 옆에 있는 맹인은 덩달이처럼 덩달아 치유를 받은 셈입니다. 바디매오의 옆에 있는 맹인을 '덩달이 맹인'이라 부르겠습니다.

이 단순한 사실이 신앙인들의 여정에서 겪는 중요한 진리를 담고 있습니다. 여리고가 교통의 요충지인 점 그리고 유월절 명절을 맞아 수많은 순례자들이 여리고를 들른다는 점을 감안한다면, 여리고에는 많은 거지가 있었습니다. 생각해 보십시오. 지방에 노숙자가 많겠습니까? 서울에 노숙자가 많겠습니까? 당연히 서울이지요. 또한 서울 외곽보다 사람들이 몰리는 장소에 노숙인들이 더 많습니다. 소위 로또 명당에 사람들이 몰리듯 여리고도 거지들의 명당이었습니다. 그럼에도 그곳에서 2명만이 주님의 은혜를 입었고, 그것도 바디매오의 믿음으로 인한 점에 비추어 볼 때 바디매오의 믿음은 우리에게 시사하는 바가 큽니다.

많은 사람이 주님의 도움을 기대했는지는 몰라도, 그들 전부가 구원받은 것이 아니라는 점입니다. 물론 하나님이 그들에게 은혜받을 기회를 주셨음에도, 그들이 그 은혜에 믿음으로 반응하지 못했습니다. 은혜를 달라고 기도했지만, 정작 은혜받을 기회가 주어졌을 때 그들은 그 이름을 부르지 않았습니다. 이런 점에서 구원은 하나님의 전적인 은혜이며 주권이지만, 주신 은혜와 기회에 믿음으로 하는 반응은 우리의 책임입니다. 물론 그 믿음조차 하나님의 주권이기에, 구원은 은혜 위에 은혜-오직 은혜-가 됩니다.

덩달이 맹인의 복: "만남"

덩달이 맹인이 바디매오와 함께 있었기에 함께 치유받은 점을 볼 때, 이는 "우리 주위에 누가 있느냐에 따라 우리의 영적 삶도 달라질 수 있다"라는 점입니다. 맹인 거지이지만 즉 눈에 보이는 외부적 조건은 빈약하게 보이지만 바디매오와 같은 믿음 좋은 친구가 있으면, 우리도 그 친구의 영향을 받아 믿음의 성장을 이룰 수 있습니다. 반대로 불평과 불만과 짜증을 내고 자기 과시욕에 사로잡힌 사람과 어울리면, 그런 사람의 영향을 받기 마련입니다. 잠언 말씀입니다. "철이 철을 날카롭게 하는 것 같이 사람이 그의 친구의 얼굴을 빛나게 하느니라"(잠 27:17). 서로의 것으로 선한 영향을 받는다는 말입니다. 다윗과 요나단, 다니엘과 세 친구가 전형적인 예에 해당합니다.

성경에 기록된 친구들의 부정적 영향의 전형적인 예가 '솔로몬의 아들 르호보암과 그 친구들'입니다. 통일 왕국 이스라엘은 솔로몬 사후에 그의 아들 르호보암에 의해서 남북으로 나뉘게 됩니다. 르호보암이 다스리는 남유다와 여로보암이 다스리는 북이스라엘입니다. 물론 하나님께서 선지자 아히야로 하여금 선포한 예언이 성취된 것에는 의심의 여지가 없습니다(왕상 11:30-32). 그러나 그 나뉨의 직접적 원인은 르호보암과 그의 친구들입니다. 르호보암이 원로대신들의 말을 경청한 것이 아니라, 원로대신들과는 반대 견해를 낸 친구들의 말을 받아들였기 때문입니다(왕상 12:10-14). 그 친구에 그 친구들이 있었기 때문이며, 같은 부류였다는 뜻입니다.

매스컴에서 듣는 불미스러운 집단적 사건을 보면, '그 친구에 그 친구'가 있었습니다. 대한민국을 충격으로 몰아넣었던 '버닝썬' 사건을 보십시오. 그런 성향의 사람들이 모였던 것이지요. 처음에는 정도의 차이가 있었을지 모르나, 결국 그들이 함께하는 시간이 길어지면서 서로가 서로에게 영향을 주고 영향을 받은 것입니다.

그래서 '좋은 만남'을 위해 기도해야 합니다. 특히 '인생의 전환점'에 있을 때는 더욱 기도해야 합니다. 좋은 선생님을 만나도록, 좋은 친구를 만나도록, 좋은 배우자를 만나도록, 좋은 목사(교회)를 만나도록, 좋은 책을 만나도록, 무엇보다도 예수님을 만나도록!

물론 고통스러운 만남에도 하나님의 섭리가 작동합니다만, 애써 그런 만남을 찾아갈 필요는 없습니다. 예수님도 애써 가룟 유다 유형으로 12명을 택하신 것이 아닙니다. 힘든 만남과 그 고통에 소모되는 에너지보다는, 좋은 만남을 통해 좋은 열매 맺는 것이 좋겠다는 목회자의 바람에서 "좋은 만남을 위해 기도하자"라는 것입니다.

"지존파 사건"을 아십니까? 1993년 나라에 심각한 공황을 안겨 주었던 '지존파'를 아시는지요? 지존파 7명은 백화점 고객명단을 입수해서 5명을 죽이고 사람의 인육을 먹은 사람들입니다. 그리고 조직에서 이탈한 아이도 배신자의 명분으로 살해했다지요. 이들은 1995년 11월 조직원 중 여자 1명을 제외하고 사형선고에 따른 사형집행을 받습니다. 물론 이들은 예수 그리스도를 영접하고 죽습니다. 「하나님이 고치지 못할 사람은 없다」(박효진, 홍성사)라는 책에 나와 있습니다. 그런데 지존파의 보스였던 김기환이 한 말에서 안타까움으로 가슴 아팠습니다. "17년 전 초등학교 미술 시간에 크레파스를 가져오지 않았다고 선생님한테 꾸지람을 호되게 받았습니다. 나는 그 당시에 너무 가난해서 크레파스를 가져올 수 없었지만, 차마 그 말을 할 수 없었습니다. 그러나 선생님은 '너는 왜 말을 듣지 않느냐?'라고 화를 내시며 매로 때렸습니다. 나중에는 '준비물을 가져오라면 훔쳐서라도 가져와야 될 것 아니냐?'라고 하셨습니다. 그때부터 나는 빗나가기 시작했고 훔치는 것이 재미있었고 도둑질을 시작하였고, 그것이 살인이 되어 내 운명을 이렇게 만들었습니다."

저에게는 이런 비슷한 기억이 있습니다. 초등학교-제 나이 사람은 국민학교-시절 저 또한 학교 갈 때 크레파스를 살 돈이 없어서 스케치북만 가지고 간 적이 있습니다. 많은 경우 옆 친구가 노란색 크레파스를 다 사용하기를 기다렸다가 빌려서 사용했습니다. 그림은 미완성이었습니다. 며칠이 지났습니다. 교회 주일학교 선생님이 그 사실을 알고는 밤늦게 저희 집에 새 크레파스를 사 오셨습니다.

어찌 보면 저는 좋은 주일학교 선생님을 만나 잘못된 길로 가지 않았지만, 지존파는 잘못된 선생님을 만나 죄악의 길로 갔습니다. 즉 만남이 갈림길이었습니다. 그렇기에 좋은 만남에 대해 기도하는 것은 신앙의 성장과 성숙을 위해서 필요합니다. 특히 주일학교 선생님의 수고로 한 영혼과 한 생명의 운명이 좌우된다면, 그 사명의 책임감이 얼마나 크겠습니까? 그 영혼이 주께로 인도되고 그가 사람으로서의 바른 삶을 산다면, 그것이 그 선생님의 면류관이 되지 않겠습니까?

그렇기에 좋은 만남을 위해 기도해야 합니다. 이러한 기도는 내가 선한 영향을 받아 성숙한 자로 서기 위한 기도입니다. 덩달이 맹인이 그러했습니다. 그러나 좋은 신앙인이라면 이러한 기도와 더불어 내가 선한 영향력을 끼치는, 즉 내가 바디매오가 되도록 기도해야 합니다. 무엇보다도 모든 만남 중에서도 만남의 최고봉은 하나님의 아들 예수님과의 만남입니다. 특히 예수님을 만나면 영원한 생명을 선물로 받고 그 삶이 예수다움으로 변하니, 이보다 좋은 것이 어디 있겠습니까? 사과는 사과향이 나고, 멜론은 멜론향이 나며, 장미는 장미향이 나듯이 진짜 그리스도인은 예수님을 만난 향기, 즉 예수다움이 맡아집니다. 심지어 그 사람이 가진 예수다움은 눈에 보여지기까지 합니다. 따라서 복된 만남을 통해 하나님의 풍성한 은혜를 경험할 수 있습니다.

믿음, 믿는 바에 따라 반응하는 것

여리고의 분위기는 다음과 같습니다. 먼저 많은 사람이 그곳 여리고에 있었습니다. 왜냐하면 곧 유월절 명절인데, 여리고는 명절 순례자들이 예루살렘으로 가는 관문이기 때문입니다. 물론 예수님도 마지막 유월절을 지내기 위해 여리고를 지나가셔야 했는데, 특히 제자들과 허다한 무리가 예수님과 그 길에 동행했습니다. 본문은 여리고에서 나와 예루살렘으로 향하는 시점입니다.

한편 여리고는 헤롯 대왕의 별장이 있을 정도로 아름다운 휴양도시이고 부유한 도시입니다. 그런데 그 분위기와 어울리지 않게, 맹인이자 거지인 바디매오가 예수님과 사람들이 움직이는 그 길에 있었습니다. 바디매오는 여느 때처럼 동냥 바가지를 앞에 놓고 있었습니다. 유월절 명절을 앞둔 대목이었기에 바디매오는 내심 기대가 컸을 것입니다. 그러나 여리고의 길목에 앉았음에도 불구하고, 이상하게도 그날 바디매오의 소득은 시작부터 별로 신통치 않았습니다. 왜냐하면 사람들의 정신이 온통 다른 데 팔려있었기 때문입니다. 그러다가 영업개시 몇 시간 후, 수백 명의 인파가 모여들었고 흥분된 목소리로 떠드는 사람들의 소리가 바디매오에게 들렸습니다. 사람들의 떠드는 소리가 보통 사람들이 듣는 청력보다 더 명확하게 바디매오의 예민한 귀에 들렸습니다.

 그런데 바디매오에게 똑똑히 들린 이름이 있었습니다. '나사렛 예수'였습니다. "나사렛 예수시란 말을 듣고 …."(막 10:47) 그 발달된 청각으로 군중들 사이에서 '나사렛 예수'란 말을 들었을 때, 바디매오는 앞서 예수님이 고친 벳새다 맹인 치유사건(막 8:22-26)이 생각났을 것입니다. 그 사건은 너무나 유명한 사건이었습니다. 왜냐하면 그 사건은 '예수님은 성경이 말하는 구원자이자 메시아임'을 가리키고 있었기 때문입니다. 특히 이사야가 말한 메시아 예언의 성취이지요(사 35:5 "그 때에 맹인의 눈이 밝을 것이며"). 마가는 벳새다 맹인 치유사건 바로 다음에 그 유명한 '베드로의 신앙고백'을 배치함으로써(막 8:27-29) 그것을 증명한 것입니다. 그 사건과 소문은 온 땅에 두루 퍼졌을 것입니다. 바디매오에게도 도달했겠지요.

 바디매오의 귀에 그 예수님이 가까이에 있다는 얘기가 들렸을 때, 그는 아마 흥분했을 것입니다. 본인은 맹인이라 예수님을 찾아갈 수 없었는데, 마침 그 예수님이 오셨으니 말입니다. '나도 예수님을 만나기만 하면 고침을 받을 수 있다'라는 것에 대해, 그 기쁨과 흥분과 기대감을 감출 수가 없었을 것입니다. 그래서 바디매오는 예수님의 주의를 끌기 위해 무슨 짓이라도 해야만 했습니다. 그가 할 수 있는 유일한 방법은 볼 수가 없었기에 소리치는 것이었습니다. 바디매오는 소리쳤습니다. 그러자 결국 주님은 가던 걸음 멈추시고 그 믿음에 반응해 주셨습니다. 천국은 침노하는 자의 것임을 보여주고 있습니다(마 11:12).

다시 정리하겠습니다. ⅰ 맹인 바디매오는 그가 성경 말씀을 듣기 시작하면서부터 '나도 성경에서 말하는 그 메시아를 만나면, 그가 내 눈을 뜨게 할 것이다'라는 확신과 믿음이 있었습니다. ⅱ 그랬기에 바디매오는 간절한 만큼 그 만남에 대해서 기도했겠지요. '하나님, 그 구원자가 오시면 나의 눈을 뜨게 해 주십시오' ⅲ 드디어 하나님은 바디매오의 눈을 뜰 수 있는 기회와 환경을 주셨습니다. 여리고를 지나가시는 예수님입니다. 바로 오늘이 기도가 응답된 그날이었습니다. ⅳ 그럼 바디매오가 할 일은 무엇입니까? 하나님이 주신 그 기회에 소리치는 것입니다. 그리고 주께서 부르시면 믿음으로 달려가는 것이지요! ⅴ 그러자 주께서 그 믿음에 반응해 주셨습니다.

바디매오는 볼 수 없다는 이유로 포기한 것이 아니라, 자신이 할 수 있는 것으로 반응하였습니다. 왜요? 믿음이 있기 때문입니다. 따라서 여기서 믿음을 정의해 본다면[1], "믿음이란, 믿는 바에 따라 반응하는 것이다"

믿음이 있다면 찾으십시오. 믿음이 있다면 부르십시오. 믿음이 있다면 문을 두드리십시오. 하나님은 그 믿음에 도움의 손길을 허락하십니다. "너희는 여호와를 만날 만한 때에 찾으라 가까이 계실 때에 그를 부르라 … 그가 긍휼히 여기시리라 … 그가 너그럽게 용서하시리라"(사 55:8-7), "구하라 그리하면 너희에게 주실 것이요 찾으라 그리하면 찾아낼 것이요 문을 두드리라 그리하면 너희에게 열릴 것이니 구하는 이마다 받을 것이요 찾는 이는 찾아낼 것이요 두드리는 이에게는 열릴 것이니라"(마 7:7-8)

---

[1] 본서에서 믿음을 정의할 때, 구원에 이르는 칭의적 믿음이 아니라, 구원 받은 이후에 그리스도인들이 닮아가야 할 예수다움, 즉 성화적 믿음을 가리킵니다.

호칭, 믿는 바가 밖으로 드러나는 시작점

바디매오가 "나사렛 예수"란 말을 들었을 때의 반응입니다. "나사렛 예수시란 말을 듣고 소리 질러 이르되 다윗의 자손 예수여 나를 불쌍히 여기소서 하거늘"(막 10:47) 그런데 바디매오의 이 외침에서 뭔가 이상한 것을 발견할 수 있습니다. 사람들은 "나사렛 예수"라고 말했는데, 바디매오는 "다윗의 자손 예수"라고 소리치고 있습니다. 마가복음에서 예수님이 "다윗의 자손"이라고 불린 곳은 이곳이 유일합니다.

왜 바디매오는 "나사렛 예수"시란 말을 듣고서도, 나사렛 예수가 아닌 "다윗의 자손 예수"라고 소리쳤을까요? 반면에 여리고에 있던 허다한 무리는 왜 예수님을 "나사렛 예수"라고 불렀을까요?

먼저 무리가 예수님을 "나사렛 예수"라고 호칭한 것은, 예수님을 보는 그들의 시선이고 믿음의 내용이었기 때문입니다. 예수님이 어린 시절을 보냈던 나사렛은 겨우 30여 가구, 100~200명 정도의 사람들이 모여 살았던, 그야말로 시골 동네였습니다. 그것도 나사렛은 유대 중심부가 아닌 변방 갈릴리에 속했습니다. 당시 예수라는 이름은 비교적 흔한 이름이었기 때문에, 관례상 이름 앞에 출신지를 붙임으로 사람을 구별하여 다른 사람과 혼동되지 않도록 했습니다. "나사렛 예수"는 '갈릴리 나사렛 출신 예수'라는 뜻입니다. 그러나 복음서에서 나타나는 "나사렛 예수"라는 말은 단순히 출신과 구별이라는 정보를 넘어, 그 말속에 경멸도 포함되어 있습니다.[2] 즉 "나사렛에서 무슨 선한 것이 날 수 있느냐"라는 의미입니다(요 1:46).

무리에게 있어 예수님은 '그냥 나사렛' 시골 동네에서 태어나 자랐고, 다만 '그 나사렛 예수'에게 아주 특별한 능력과 가르침이 있다는 정도였습니

---

[2] 사도행전에 기록된 '나사렛 예수'가 구원자를 뜻하는 것과는 구별됩니다.

다. 그러니 무리는 예수님을 믿음과 신앙의 대상으로는 보지 않았습니다. 이것이 무리의 한계였습니다. 예수님을 "나사렛 예수"로만 보는 동안에는 예수님을 향해 기도하거나, 예수님을 경배하거나, 예수님을 구원의 길과 진리와 생명으로 받아들일 수는 없습니다. 우리도 만일 예수님을 역사 속 4대 성인 중 한 사람으로만 여긴다면, 하나님의 아들 예수의 진면목을 전혀 알 수 없습니다.

그러나 바디매오는 "나사렛 예수"가 아닌, "다윗의 자손 예수"라 호칭했습니다. 즉 바디매오는 맹인이고 거지이지만, '예수님이 메시아'라는 믿음이 있었습니다. 구약성경에는 '맹인을 고쳤다'라는 말이 한 군데도 나오지 않습니다. 다만 이사야서를 보면 29장과 35장, 61장에 메시아 표징으로서, "그 때에(즉 메시아가 오는 때는) 맹인의 눈이 밝을 것이다"라고 예언하고 있습니다. 그래서 유대인들은 '맹인이 눈을 뜬다'라는 것을 메시아의 표적으로 믿었고 그렇게 가르쳐왔습니다. 유대인이라면 이 말씀 구절을 다 알고 있습니다. 왜요? 그토록 고대하는 구원자 메시아이니깐요! 그래서 예수님은 공생애 회당 첫 설교에서 이사야 61장을 인용하셨습니다. "주의 성령이 내게 임하셨으니 이는 가난한 자에게 복음을 전하게 하시려고 내게 기름을 부으시고 나를 보내사 포로 된 자에게 자유를, 눈 먼 자에게 다시 보게 함을 전파하며"(눅 4:18) 이는 예수님이 "내가 바로 성경이 예언한 메시아다"라고 선포하신 것입니다.

바디매오는 어릴 때부터 들어왔던 이 성경 구절을 믿었고, 벳새다 맹인을 고친 예수님을 메시아로 확신했습니다. 그래서 어릴 때부터 말씀을 듣는 것이 이토록 중요합니다. 믿음의 생성요인이 바로 말씀이기 때문입니다. 바디매오가 "나사렛 예수"라는 경멸적 호칭이 아닌, 가장 존귀한 호칭인 "다윗의 자손"이라고 한 것은 그가 예수님을 메시아로 인정하고 믿었다는 말입니다. 이는 바디매오 자신의 분명한 신앙고백이자 믿음의 내용이었습니다.

보이는 눈을 가진 맹인들 vs 맹인이지만 보는 자

본문은 무리와 바디매오를 대조하여 기록하고 있습니다. 성한 눈을 가지고서도 무리가 보지 못한 것을, 보지 못하는 눈을 가진 바디매오는 믿음으로 보고 있었습니다.

성한 두 눈을 가진 무리는 예수님의 기적을 자기들의 눈으로 직접 보았을 것입니다. 듣는 것보다 더 생생한 현장감과 체험입니다. 무엇보다도 지금 그 예수님을 눈으로 보고 함께 걷고 있습니다. 그럼에도 불구하고 그들에게는 예수님이 "나사렛 예수"에 불과합니다. 예수님이 메시아이자 구원자라는 절대적 믿음이 없습니다.

그러나 바디매오는 예수님의 어떤 기적도 보지 못했습니다. 그저 들었을 뿐입니다. 들었을 뿐임에도 그 들음에서 믿음을 고백했습니다. 그것이 기적을 낳았습니다. 이는 기생 라합의 고백과 맥을 같이 하는 믿음입니다. 라합은 두 정탐꾼을 만났을 때, "내가 들었다! 그렇기에 내가 하나님을 믿는다"(수 2:8-11)라고 고백합니다.

아무리 생각해도 지울 수 없는 의문이 있습니다. "왜 허다한 무리는 하나님의 아들 구원자 예수님에 대한 믿음이 없었을까?"입니다. 이를 삶의 현장과 연결하여 생각해 보니 답이 나왔습니다. 사실 무리에게는 예수님이 없어도, 그들이 살아가는 데 별 지장이 없기 때문입니다. 유월절을 지키기 위해 움직인다면, (신앙의 순전함도 있을 수 있지만) 그래도 이들은 경제적으로 여유가 있던 사람들입니다. 어떤 이는 유월절을 지키고 싶어도 지킬 수 없습니다. 생업을 멈추고 예루살렘으로 간다?! 꿈도 못 꿉니다. 그 당시가 식민지 상황인 점을 감안하면 더더욱 그러합니다. 무리의 관심은 단지 나사렛 예수를 중심으로 로마의 전복과 좀 더 편안한 현실의 삶을 갈구하는 데 있었습니다. 비록 로마 전복에 실패해도 삶은 고단하겠지만, 그런대로 살아갈 수 있었기에 예수님을 향한 절박함은 없었습니다. 무리는 굳이 "다윗의 자손 예수"가 아니어도 그들의 삶에는 별 지장이 없었습니다. 그러니 그들은 곧 며칠이 못 되어서 종교 지도자들이 선동한 거짓말을 믿고 예수님을 향해 "십자가에 못 박으라"라고 외칩니다. 그들의 믿는 바가 얼마나 빈약한가를 보여줍니다. 이는 "자기 눈으로 이적을 보았다는 사실이 믿음의 눈을 주지 못한다"라는 사실을 크게 말합니다.

오늘날 예수님을 만나려면 언제든지 만날 수 있습니다. 편의점 수보다 많은 교회 수를 감안한다면, 예수님에 관해 듣지 못한 것 자체가 기적일 정도입니다. 그러나 교회에 와서 복음을 들은 그들이 '예수님을 구원자로 그리고 신앙의 유일한 대상으로 받아들이지 않는 것'은, 굳이 예수가 없어도 자신들의 삶에 별지장이 없는 까닭입니다. 신앙생활을 하다가도 신앙을 버리는 이유는, 예수님이 구원의 중심으로 여겨지지 않기에 그러합니다. 예수가 없어도 그런대로 살아갈만 하다고 여겨지고, 예수가 없어도 스스로 뭔가를 이룰 수 있다고 여기기 때문입니다.

그러나 맹인 바디매오는 무리와는 다릅니다. 절박합니다. 예수님이 유일한 방법이자 길입니다. 바디매오는 '하나님의 아들 구원자 예수'를 원했던 것입니다. 그 '절박함의 차이'가 예수님을 향한 '호칭의 차이'를 다르게 했습니다.

자신의 죄로 인해 해결되지 않는 죄의 무게로 고민하는 자는, 예수님을 길이요 진리요 생명이신 '하나님의 아들이자 유일한 구원자'로 부릅니다. 그러나 자신을 괜찮은 사람이라고 여기는 사람들에게는, 예수님은 믿어도 안 믿어도 되는 역사에 있었던 '4대 성인 중의 한 사람'일 뿐입니다.

믿음, 들은 말씀에 대한 반응

예수님의 말씀으로 마무리하겠습니다. 예수님은 바디매오에게 말씀하십니다. "예수께서 이르시되 가라 네 믿음이 너를 구원하였느니라"(막 10:52). 예수님은 우리의 믿음에 반드시 응답하십니다. "네 믿음이 너를 구원하였느니라" 즉 치료 이전에 바디매오의 믿음을 받으시고 인정하셨습니다. 치료되고 나서 믿음이 생긴 것이 아닙니다. 바디매오가 들음으로 난 믿음은, 예수님이 인정하시는 바로 그 믿음이었습니다. 즉 "바디매오의 신앙은 진짜다"라고 예수님이 선언하신 것입니다.

참된 믿음이란, "들은 말씀에 대한 순전한 반응"으로 나타납니다. 묵상으로 치면 "읽은 말씀에 대한 반응"인 것입니다. 어떤 분은 듣는 것에서 보는 것까지 허락된 은혜가 있어도 믿지 않습니다. 그런데 어떤 이는 듣는 것만 허락되어도 믿음이 있습니다. 어떤 분은 주일에 말씀이 선포되고 그 원리에 따른 적용이 선포되어도, '그건 목사님 말이고 나는 다르게 생각해'라고 말합니다. 그러나 어떤 분은 '저 말씀은 내 생각과 내 감정과 맞지 않지만, 주님의 말씀이기에 받아들인다'라고 하며 '아멘'으로 답합니다.

대부분 수많은 은혜의 간증을 들어보면, '그 말씀을 주님이 나에게 주신 말씀이다'라고 믿고 순종하는 사람이 간증합니다. '저 말은 아닌 것 같아서 다르게 생각하고 다르게 했더니 주님이 은혜를 주셨다'라고 간증하는 분을 본 적이 없습니다. 사무엘상 1장에 기록된 한나를 보십시오. 엘리 제사장은 기도하고 있는 한나를 향해 "술에 취했으니 포도주를 끊으라"라고 비난했습니다. 그때 한나는 "자신은 술 취한 것이 아니라 원통함과 격분됨으로 나온 기도"라고 했습니다. 이에 엘리 제사장은 자신의 실수를 인정하고 한나를 향해 축복의 말을 했습니다. 한나는 그 제사장의 축복을 그대로 받아들였습니다. '성도가 기도하는지, 술을 마셨는지, 구분조차 못하면서 제사장이라고.. 축복은 무슨.. 너나 잘하세요!'라고 반응하지 않았습니다. 한나는 순전히 "아멘"으로 답하였습니다. 하나님은 그런 한나에게 은혜를 주셨습니다.

　성경을 보고 듣고도 그 말씀이 단지 종이에 기록된 글자로 보이십니까? 아니면 이 말씀은 하나님이 지금 나에게 하는 말씀이고 이 말씀대로 살아야지 하는 감동이 생겼습니까? 말씀에 대한 올바른 반응만이 주님의 은혜를 체험할 수 있습니다. 그렇기에 참 믿음은 말씀에 대한 올바른 반응으로 나타납니다.

　하나님의 말씀에 믿음으로 반응하는, 믿음 있는 성도이기를 축복합니다. 그리고 말씀에 반응하는 믿음의 동역자와 함께하는 복이 있기를 바랍니다. 나아가 자신이 먼저 좋은 말씀의 동역자로 세워지기를 바랍니다. 무엇보다도 가장 복된 만남인 예수님과의 만남이 매일 새로운 은혜로 경험되어지기를 축복합니다.

〈나눔: 바디매오와 그의 친구(덩달이)〉

❶ 내가 선한 영향력을 받은 믿음의 사람을 소개해 봅시다. 어떤 영향을 받았습니까?

❷ 내가 선향 영향력을 끼친 사람을 소개해 봅시다. 어떤 분입니까? 즉 나는 선향 영향력을 끼치고 있는 바디매오 같은 사람이었습니까?

❸ 최근에 내가 영향받고 있는 어떤 것이 있습니까? 책이든, 사람이든, 미디어든, 잘 분별해 내고 있습니까? 말씀으로 분별해 내지 않으면 결국 이런 것들이 말하는 것에 영향받습니다. 주의합시다.

〈나눔: 다윗의 자손 예수여! 믿음은 말씀에 대한 올바른 반응이다〉

❶ "말씀을 받는 자신의 태도"를 점검해 봅시다. "내게 말씀이 들려질 때, 나를 향한 하나님의 말씀으로 받아들이는 이유는 무엇이며?, 그 말씀을 거부하는 이유는 무엇인지?"에 대해, 즉 "말씀 순종의 기준은 무엇인지?"에 대해 진지한 자기 성찰을 해 봅시다.

Chapter 2 "많은 사람이 꾸짖어"

나사렛 예수시란 말을 듣고 소리 질러 이르되 다윗의 자손 예수여 나를 불쌍히 여기소서 하거늘 **많은 사람이 꾸짖어** 잠잠하라 하되 그가 더욱 크게 소리 질러 이르되 다윗의 자손이여 나를 불쌍히 여기소서 하는지라 (막 10:47-48)

지난 내용 체크

❶ 믿음 좋은 바디매오와 함께 한 '덩달이 맹인'
✓ 우리는 좋은 만남, 신앙적 만남을 위해 기도해야 합니다.

❷ 무리로부터 "나사렛 예수"라는 소리를 들었으나, 바디매오의 외침은 "나사렛 예수가 아닌, 다윗의 자손 예수여"였습니다.
✓ 성한 두 눈을 가진 무리가 보지 못하는 것을, 보지 못하는 눈을 가진 바디매오는 말씀에 근거하여 믿음으로 보았습니다. 참 믿음이란, 들은 말씀에 대한 순전한 반응으로 나타납니다. 또한 '절박함의 차이'가 다른 고백으로 이어졌습니다. 나는 예수님을 어떻게 바라보고 있습니까?

이번 장에서는 바디매오의 신앙고백과 외침에 대한 무리의 반응을 통해 성령의 음성을 듣겠습니다.

사회적 평균이라는 신앙의 이중성

바디매오의 믿음과 간절한 부르짖음에도 불구하고 주위 사람들의 반응이 냉담합니다. 성경은 한 사람도 아닌 많은 사람이 꾸짖었다고 증언합니다. "많은 사람이 꾸짖어 잠잠하라"(막 10:48) '꾸짖는다...' 이는 어떤 이가 죄를 짓거나, 실수했거나 잘못했을 때, 정당한 권리자가 그를 향해 할 수 있는 태도입니다.

그런데 예수님께 도와달라고 하는 것이 과연 잘못인가요? 무리와는 달리 바디매오는 올바른 믿음의 내용을 고백했습니다. 다만 볼 수 없었기에 소리친 것이지요! '이렇게 해서라도 예수님의 은혜를 입겠다'라는 바디매오의 절박함이었습니다. 그럼에도 많은 사람이 바디매오의 외침을 꾸짖고, 오히려 잠잠하라고 했습니다.

무리는 도와주지는 못할망정, 왜 그런 것일까요? 이는 맹인을 향한 당시 사람들의 인식을 보여주고 있습니다. 당시 사람들의 인식에는 맹인은 장애인이고, 또한 그 장애는 자신의 죄든 부모의 죄든 그 죄에 대한 대가로 얻은 것이기에, 맹인은 태어나면서부터 죄 가운데 태어난 부정한 사람으로 여겨졌습니다. 요한복음 9장에서 예수님이 나면서부터 맹인된 자를 고치고, 그 맹인이 종교 지도자들에게 예수를 증언하자, 바리새인들이 "네가 온전히 죄 가운데 나서 우리를 가르치느냐"하고 쫓아내 버립니다(요 9:34). 이것이 당시의 인식이었습니다. 이런 이유로 사람들은 맹인 거지가 떠드는 것에는 별로 관심이 없었습니다. 그릇된 신학이 얼마나 한 사람의 인생을 무너지게 할 수 있는지를 보여줍니다.

사실 무리는 맹인 거지가 회복되고 눈을 뜨는 것에 별로 관심이 없었습니다. 왜요? '자기의 일'이 아니니깐요. 만일 눈뜨는 것이 '자기 일'이었다면, 과연 그때도 꾸짖고 잠잠하라고 했을까요? 그렇지 않았을 것입니다.

그리고 무리가 바디매오를 꾸짖고 잠잠하라고 한 외면적 이유는, 무리의 시선에서 바디매오는 '사회적 평균'에 도달하지 못한 사람이었기 때문입니다. 즉 죄 가운데 태어난 사람이고 맹인일 뿐만 아니라 거지입니다. 당시 거지는 '율법을 따라 살지 못한 자가 받는 하나님의 벌'로 여겨졌지요. 하나님 앞에서 말씀을 잘 지키는 사람이 가난할 수 없으며 오히려 물질의 복을 받는다고 여겼지요. 이 또한 잘못된 신학의 폐단이었습니다.

만일 당시 리더 그룹인 회당장 야이로가 예수님께 부르짖고 외쳤다면, 과연 그 무리가 회당장 야이로를 향해 꾸짖고 "잠잠하라"라고 했을까요? 그렇지 않을 것입니다. 왜요? 사회적 평균보다 월등히 높은 힘이 있고, 영향력이 있는 사람이니깐요! 오히려 무리는 그를 예수님께 인도했겠지요.

무리는 성한 두 눈을 가지고 있는 정상인이고, 게다가 유월절을 지킬 수 있는 어느 정도 경제적 여유가 있는 평균적 사람들이었습니다. 따라서 '사회적 평균'에도 미치지 못하는 거지 맹인은 그들의 관심 밖이었습니다.

아이러니한 것은, 무리는 율법에서 명한 유월절 제사(예배)를 위해 그리고 성전에서 하나님을 만나기 위해 예루살렘으로 가면서도, 즉 하나님의 백성이라고 자부하고 신앙이 있다고 자부하는 사람이면서도, 정작 그들은 가난한 자와 약자인 이웃(바디매오)의 외침과 절박함을 외면했습니다. 율법의 완성이라 할 수 있는 '사랑'을 외면한 것이지요. 이런 모습을 신앙의 '모순' 또는 '이중성'이라고 합니다. 바울을 통한 성경의 증언입니다. "사랑은 이웃에게 악을 행하지 아니하나니 그러므로 사랑은 율법의 완성이니라"(롬 13:10).

'사회적 평균'이라는 단어가 하나님을 알지 못하는 사회에서는 통용될 수 있겠으나, 신앙의 세계에선 용납될 수 없는 어색한 단어입니다. 혹시 '신앙의 평균'이란 말은 어떠합니까? "신앙의 평균에도 미치지 못하는 사람은 주님의 은혜를 받을 자격이 없다?!" 참으로 이상하지 않습니까?

기억하십시오. 주님은 당시 사회적 평균에서도 미치지 못한 세리와 창기와 병든 자들의 친구가 되어 주셨고, 이들(죄인)을 부르려고 오셨다는 사실입니다. "건강한 자에게는 의사가 쓸 데 없고 병든 자에게라야 쓸 데 있느니라 나는 의인을 부르러 온 것이 아니요 죄인을 부르러 왔노라"(막 2:17)

사회적 평균… 어디까지나 사람들의 눈으로 본 것인데, 이것도 객관적인 것이 아닙니다. 불완전한 사람들이 기준을 정하고 평균으로 잡은 것이니깐요. 그러나 사회적 약자일지라도 토기장이신 하나님의 입장에서는 다르게 비치게 됩니다. 그들도 하나님의 작품이기에 그렇습니다. 세상에 많고 많은 사람이라는 제품 중에 불량품이 아니라, 세상에 단 하나밖에 없는 작품인 것이지요! 그것도 걸작품!

주님은 이 땅에서 자신이 만나는 사람을 대하실 때, 비교하여 더 나은 제품, 평균 제품, 불량품으로 판단하신 적이 없으십니다. 모두를 자신이 스스로 빚은 자신의 형상을 가진 사람으로 대하셨고, 아픈 이들에게는 자신의 창조행위를 통해 그들을 온전케 하셨습니다.

밟히고 구겨진 오만 원 지폐

구겨진 오만 원 지폐를 예로 들겠습니다.[3] "여기 5만 원 지폐가 있습니다. 가질 사람 있습니까?"라고 묻는다면, 당연히 "예"라고 반응할 것입니다. 다시 묻기를, "여기 구겨진 5만 원 지폐가 있습니다. 게다가 이 지폐는 길바닥에 떨어져 먼지와 오물이 묻어 있습니다. 혹시 구겨지고 더러워진 오만 원 지폐 가질 분이 계십니까?"라고 묻는다면, 이 또한 당연히

---

[3] 김민정, 「준비된 선물」, 61-63.

"예"라고 할 것입니다.

왜 구겨지고 오물이 묻어 더러워진 오만 원 지폐를 가지려고 할까요? 빳빳할 때나 구겨졌을 때나, 깨끗할 때나 밟혀서 흙먼지가 묻었을 때나, 5만 원의 '가치'에는 변함이 없기 때문입니다.

하나님이 우리를 볼 때도 그렇습니다. 내 인생이 아주 빳빳한 지폐처럼 번듯하고 잘 나갈 때도, 그저 평범한 일상을 살 때도, 혹은 이런저런 고난으로 구겨진 인생과 같을 때도, 심지어 사람들에게 멸시와 모욕을 당하며 발길질을 당할 때도 하나님은 우리를 '하나님의 자녀'라는 동일한 가치로 바라보십니다.

그런데 우리는 때로 사람들의 말에 속고 맙니다. "넌 그럴 만한 가치가 없어, 너 같은 게 살아서 뭐해, 이 무용지물 같으니라고." 이러한 말들에 속아서 스스로 자신의 가치를 낮게 평가합니다. 그러나 절대 그 말은 사실이 아닙니다. 스스로 자신의 가치를 떨어뜨리지 마십시오. 스스로 비하하지도 마십시오. 하나님은 당신의 자녀를 버리는 일을 결단코 행하지 않기 때문입니다. 오만 원 지폐가 구겨져 오물이 묻었어도 휴지통에 버리지 않는 것처럼 말입니다. 하나님의 눈에 우리는 여전히 너무나 사랑스러운 자녀이기 때문입니다.

이것이 복음입니다. "복음은 모든 믿는 자에게 구원을 주시는 하나님의 능력이 됨이라"(롬 1:16) 여기서 "모든"이란 예수님을 믿는 모든 사람입니다. 사람의 조건과 형편은 달라도 예수님을 나의 구주로 믿는다면, 복음이라는 하나님의 능력은 동일하게 그들에게 임하고 모든 믿는 자를 하나님의 자녀로 삼으시고 믿는 자의 아버지가 되십니다. 요한의 증언입니다. "하나님이 세상을 이처럼 사랑하사 독생자를 주셨으니 이는 그를 믿는 자마다 멸망하지 않고 영생을 얻게 하려 하심이라"(요 3:16) 이것을 '복음의 보편성'이라 부릅니다.

믿음, 낮은 자에게까지 반응하는 것

장애를 가지고 있지 않은 이는 장애를 가진 이들의 고통에 대해 무관심할 때가 많습니다. 물론 "모든 일상에서 온통 장애인에게 관심을 가져라"라는 것이 아닙니다. 그렇게 되면 일상생활이 불가능하게 되겠지요.

그러나 하나님이 우리에게 소위 사회적 평균에 미치지 못하여 힘들어하는 이웃을 도울 수 있는 기회를 주십니다. 왜일까요? 우리는 매주 예배 때마다 하나님 사랑과 동시에 이웃 사랑이 하나님의 뜻임을 알고 고백하기 때문이지요! 사도신경을 통해서, 십계명 낭독을 통해서입니다. 그렇기에 하나님은 믿는 자에게 분명히 그 기회를 주십니다. 그리고 국가에서도 한 날을 '장애인들을 위한 날'로 정하여 그들을 생각하고 도울 수 있기를 바라고 있습니다. 그리스도인들은 최소한 이날만은 기억해야 할 것입니다. '장애인의 날'이 언제인지 아십니까? 4월 20일입니다. 이날은 약자를 도우라고 국가를 통해 하나님이 주신 기회입니다. 주님이 영적 감동으로 주신 기회에 그리고 하나님이 국가를 통해 주신 그 기회에, 그들을 섬기는 것이 복입니다.

우리 그리스도인이 도울 수 있는 장애에는 육체적 장애와 더불어 정신적 장애, 영적 장애도 있을 수 있습니다. i 예수님은 육체적으로 움직일 수 없는 중풍병자를 회복시키셨습니다. ii 정신적 이상으로 일상생활이 불가능한 '일곱 귀신 들린 막달라 마리아', '군대 귀신 들린 거라사의 미친 사람'을 고치셨습니다. iii 무엇보다도 영적으로 거룩함이나 어떠한 의를 찾을 수 없는 우리를, 전적부패와 전적무능력으로 죄로 죽었던 우리를 즉 영적으로 절대 장애를 가졌던 우리를 회복시키셨습니다. 물론 우리가 회복되는 대가로 예수님은 십자가에서 자신의 생명을 지불하셨습니다.

그렇다면 신앙이란 무엇입니까? 그리스도인은 육체적으로, 정신적으로,

영적으로 고통당하는 이들에게, ⅰ 예수님의 모습과 같은 관심을 가져야 합니다. 예수님처럼 가던 걸음 멈추고 돌아서야 합니다. ⅱ 그들의 아픔을 위해 기도해야 하고 복음을 전해야 합니다. ⅲ 또 주께서 감동과 사명을 주신다면 그 기회에 그들의 친구가 되어 주어야 합니다. ⅳ 나아가 그들에게 필요한 것을 우리가 할 수 있는 한에서 제공하는 것입니다. 이것은 주님께서 가르쳐 주신 주기도문의 내용입니다. "우리에게 일용할 양식을 주시옵고"(마 6:11) 여기 '우리'는 비장애인들만이 아니라 장애인을 포함하는 우리입니다. 그렇기에 믿음은 낮은 자들에게까지 반응하는 것입니다. 높은 자들에 대한 반응은 사람의 본성상 하지 말래도 합니다. 그러나 낮은 자들에 대한 태도야말로 자기가 가진 믿음의 실체를 보여주는 바로미터가 됩니다.

바디매오를 반기지 않는 교회

그렇다면 우리의 현실은 어떠합니까? 반면교사로 삼을 현실이 참 많습니다. 대부분의 사람-그리스도인조차-은 사회적 평균에서 떨어지는 것을 원치 않습니다. 남들이 하는 만큼은 하기를 원합니다. 사회적 평균에서 떨어지면 부끄럽게 여깁니다. 그래서 성적이 최상위는 안되어도 중간 정도는 하기 원합니다. 부자가 되기를 원하지만, 그렇지 않다면 중산층이라도 되기를 원합니다. 고급차는 못 타도 중형차 정도는 원합니다. 헬스로 육체파가 되기를 원하지만 그렇지 않다면 그런대로 건강하기를 원합니다. 키가 크는 것을 원하지만 그렇지 않다면 보통키 175는 되기를 원합니다. 성적이 하위권이라서 입학할 대학이 없거나, 너무 가난해서 밥을 굶는 것을 좋지 않게 여깁니다. 신체가 건강하지 못하여 병원에 신세를 지거나 특히 몸에 장애가 있는 것을 부끄럽게 여깁니다. 사실, 하나님 앞에서 어떠한 힘도 발휘 못하는 것임에도 부끄럽게 여깁니다.

그러다 보니 어떤 교회에서도 거지 바디매오를 반갑게 여기지 않습니다. 교회에 맹인 거지 바디매오가 들어온다면, '교회가 장애인 시설을 갖추어야 하는 재정적 부담이 있을까?'라고 걱정합니다. 주님이 보내주신 복임에도 불구하고, 당회를 열어 다른 교회로의 이동을 권면하기도 합니다. '교회 분위기를 해치고 내 아이에게 안좋은 영향이 있을까?' 하고 걱정합니다. 그렇기에 장애 아이를 둔 부모는 사회에서도 교회에서도 평생 죄인 아닌 죄인으로 살아가야 하는 것이 현실입니다. 적어도 교회에서는 동등해야 하고 평안을 누려야지요!4)

2017년 9월 5일 매스미디어의 온 지면을 채운 사건이 있었습니다. 서울 강서구 탑산초등학교에서 열린 '강서지역 공립 특수학교 신설을 위한 주민토론회'에서 특수학교 설립을 두고 찬·반 주민들의 의견이 엇갈리자, '장애아동 학부모들이 무릎을 꿇고 호소한 사건' 말입니다. 오늘날 낮은 자에 대한 배려가 사라지는 대표적인 사건이었습니다.

이러한 모습은 교회와 신앙의 영역에서도 멀리 있지 않습니다. 「새신자반」(이재철, 홍성사)에 나오는 내용입니다. 뇌성마비 아이를 둔 목사님이 있었습니다. 신학대학원 졸업 후 10년 가까이 전임 사역자가 되지 못하고 파트로 사역했습니다. 서류를 넣은 교회로부터 듣는 대답은 "뇌성마비 아이를 둔 목사가 한국에서 목회하기란 현실상 힘들지 않겠느냐? 자신들도

---

4) i 유럽에서는 장애인을 돕는 것을 영광으로 여기는데, 우리나라에서는 그렇지 않으니 안타까울 뿐입니다. ii 일본에서는 네잎클로버 스티커가 부착된 차량이 있습니다. 이는 고령자가 운전하는 차량입니다. 만일 고령 운전자 차량이 내 앞에 있으면 추월하거나 클락션을 누르지 말라는 것으로, 이는 사회적 약자인 어르신을 배려하라는 것입니다. 그리고 네잎클로버로 한 것은 그 어르신이 뒤차량에게 복이 될 것이라는 칭찬인 것이지요!

'교회를 위해서, 어쩔 수 없다'"이었습니다. 이것이 현실입니다. 이분들이 말하는 교회는 어떤 교회일지 질문하고 싶습니다. 그 교회는 주님이 주인 되는 주님의 교회일까요? 아니면 소위 정상인들만을 위한 사람들의 모임일까요? 예수님은 과연 그 교회와 그들에게 어떻게 말씀하실까요?

국민일보(2013.7.29)에 "노숙인이 된 목사" 제목으로 실린 글입니다.

[예레미야 스티펙(Jeremiah Steepek)이라는 목사는 어느 일요일 오전 자신이 담임목사로 부임할 교회 근처에서 노숙자로 변신해 주변을 어슬렁 거렸다. 하지만 교인 중 그에게 다가와 말을 걸어온 사람은 불과 세 명에 불과했다. 스티펙 목사는 교회로 향하는 교인들에게 "음식을 사려고 하니 잔돈 좀 달라"고 했지만 어느 누구도 관심을 가지지 않았다. 예배 시간이 되어 교회에 들어간 스티펙 목사는 맨 앞자리에 앉았지만, 예배 위원들의 저지를 받고 차가운 시선을 받으며 맨 뒷자리에 겨우 착석했다. 이윽고 새로운 목사가 부임했다는 광고 시간이 되었다. 맨 뒷자리에 앉아 있던 스티펙 목사는 노숙인 차림 그대로 강단에 올라갔고, 그는 곧장 마태복음 25장 31절부터 40절까지를 읽어 내려갔다. "내가 주릴 때에 너희가 먹을 것을 주었고 목마를 때에 마시게 하였고 나그네 되었을 때에 영접하였고… 여기 내 형제 중에 지극히 작은 자 하나에게 한 것이 곧 내게 한 것이니라." 그리고 마지막에 말하기를 "그리스도인이 된다는 것은 당신이 믿는 것 이상이다. 그것은 이웃과 함께 그리고 옆에서 사는 것이다."]

물론, 저는 영적 동기 부여와 자극을 위한 목사의 심정은 이해하지만, 성도를 시험하는 것이어서 한편으로 불편하기도 합니다. 그러나 우리의 영적 실태와 민낯이기에 들을 만한 가치가 있는 건 사실입니다.

주님은 바디매오를 부르신다

바디매오를 꾸짖는 많은 사람들 앞에 예수님이 보인 반응입니다. "예수께서 머물러 서서 그를 부르라"(막 10:49) 많은 사람이 외면했지만, 예수님은 고통당하는 자의 간구와 부르짖음을 결단코 외면하지 않으십니다.

예수님은 십자가를 지시러 예루살렘으로 올라가시는 바쁜 길임에도, 자신을 불쌍히 여겨달라고 부르짖는 바디매오를 외면하지 않으십니다. 모든 사람을 구원하러 가신다는 이유로, 간절히 부르짖는 한 사람을 소홀히 하지 않으신 것입니다. 기꺼이 바디매오의 친구가 되어주시고, 그의 믿음을 확증해 주시고, 그에게 회복을 선언하셨습니다.

우리는 가끔 정해진 목표가 있으면 그 목표를 바라보느라, 주님이 보내신 기회와 선물을 못 볼 때가 많습니다. 그러나 주님은 우리와 같지 않습니다. 예수님은 힘들고 고달픈 한 인생의 탄식에 귀를 기울이시고 가던 걸음을 멈추십니다. 오늘도 그 예수님이 힘겨운 지체들을 부르십니다. 주님의 부르심에 안심하고 일어나 주님께 나아가십시오. 그러면 그 믿음에 주께서 반응해 주시고 은혜를 더하여 주실 것입니다.

혹시 장애라는 현실, 그리고 주위의 무관심이라는 현실 때문에 힘들어하는 분이 있습니까? 그러나 이런 사람도 희망이 있습니다. 바디매오가 그러했습니다. i 먼저 예수님을 만나면 됩니다. 바디매오는 보지 못하던 눈을 떴습니다. 구원받고 예수를 따르는 제자가 되었습니다. ii 그리고 현대판 바디매오는 좋은 교회를 만나면 됩니다. 사람들이 주인되는 곳이 아닌 주님이 주인되는 교회를 만나면 됩니다.

앞서 뇌성마비 아들을 둔 목사님은 서울 주님의교회에서 전임사역자로 청빙되어 열심히 사역하였고, 그 뇌성마비 아이로 인하여 그 교회가 풍성한 은혜를 받았다고 증언했습니다. 이후 그는 두바이 한인교회 담임목사로 청빙을 받았습니다. 그를 담임으로 청빙한 교회는 참으로 복받은 교회입니다. 진정한 주님의 교회인 것입니다.

주님의 관심

 예수님은 사회적 평균에 미치지 못하는 사람에게도 관심이 있습니다. 그리고 그들에게 구원을 베풀어 주십니다. 우리도 예수님의 본을 따라 사회적 평균에 미치지 못하는 사람들에게 우리의 시선이 확장되어야만 합니다. 지극히 낮은 자에게까지 신앙의 영역을 확장하고 그들에게도 필요한 친구가 되어 주어야 합니다.
 예수님을 보십시오. 주님의 시선은 하늘에만 머물지 않았습니다. 하늘 영광의 기준에도 못미치는 이 땅을 향하셨습니다. i 하늘의 모든 영광을 누리셨던 예수님이, 그 모든 것을 내려놓으시고 피조물인 육신의 옷을 입으시고 이 땅에 오셔서 우리를 '친구'로 불러주셨습니다. 우리는 감히 주님의 친구조차 될 수 없었는데, 그분이 먼저 오셔서 우리를 친구로 만나주셨습니다. ii 죄로 죽어 티끌과 먼지와도 같은 우리, 믿는다고 하면서도 늘 의심하고 배반하는 우리를 위해 십자가에서 죽기까지 '사랑'해 주셨습니다. iii 그리고 예수님은 죽음에서 부활하신 후에 다시 우리를 불러 주시고 우리를 주님의 의로움과 연합된 하나님의 자녀라고 법적으로 '선언'해 주셨습니다.
 이런 예수님의 모습을 본받는 것이 우리의 길입니다. 그렇기에 우리에게도 주께서 '기회를 주실 때', 마음을 담아 낮은 자와 함께 하는 것이 주님께 영광돌리는 길임을 잊지 마십시오. 왜 '기회가 주어질 때'라고 했냐면, 예수님은 낮은 자만을 찾아다닌 것이 아닌 까닭입니다. 주님 주변에는 영생을 선물로 받을 부자도 있었으며, 평범한 사람도 있었습니다.

이제 결단합시다. 나는 지극히 낮은 자를 위하여 무엇을 할 수 있는지? 그리고 행합시다. 돌아보면 많습니다. 무엇이 있을까요? 제가 제시할 수도 있지만 자신이 속한 구역이나 기관에서 머리를 맞대고 고민해 봅시다. 이제 우리가, 구역이, 교회가 반응할 때입니다. 본 장의 메시지를 통해 하나님이 우리에게 기회를 주신 것입니다. 의견을 제시하고자 하는데, 무리처럼 꾸짖지 마십시오. "다 해 봤다. 뭐 한 번하고 말거면 왜 하냐?", "오히려 한 번하면서 그들에게 상처만 주는 것 아니냐?" 그렇지 않습니다. 그 한 번에 진심이 있다면, 그 한 번에 성령께서 역사하실 수 있습니다. 우리는 주님의 본을 따라 우리가 마땅히 해야 할 일을 하는 것이고, 우리는 주님이 주시는 감동대로 그리고 말씀대로 순종할 따름입니다. 역사는 성령 하나님이 주권적으로 이끌어 가시는 하나님의 영역입니다. 책임은 성령 하나님이 지시는 것입니다.

특히 교회에서 사랑으로 돌아보고 섬겨야 할 영혼이 있다면, 자라나는 '지금' 세대들(저는 개인적으로 '다음' 세대라 부르지 않습니다. 지금 사랑을 베풀어야 할 세대이고, 지금 말씀으로 자라야 할 세대라는 의미에서 '지금'이라 명명합니다.), 새가족들, 홀로 있는 분들, 마음이 아프고 연약하신 분, 어르신들을 돌아봅시다. 이제 우리들의 시간입니다. 복이 되기를 바랍니다.

〈나눔: 믿음은 낮은 자에게까지 반응하는 것이다〉

❶ 2017년 9월 5일 서울 강서구 탑산초등학교에서 열린 '강서지역 공립 특수학교 신설을 위한 주민토론회'에서 특수학교 설립을 두고 찬·반 주민들의 의견이 엇갈리자 장애아동 학부모들이 무릎을 꿇고 호소한 사건이 있었습니다. 이 사건에 대한 당신의 생각은 어떠한지? 그리고 그리스도인이라면 어떻게 해야 하는지?에 대해 나누어 봅시다.

❷ 평소 장애인들에 대한 나의 관심은 어느 정도입니까? 무엇으로 그들과 함께 하고 있습니까?

〈나눔: 주님은 바디매오를 부르신다〉

❶ 하나님은 우리에게 소위 사회적 평균에 미치지 못하여 힘들어 하는 이웃을 도울 기회를 주십니다. 하나님은 특히 믿는 자에게 분명히 그 기회를 주십니다. 왜냐하면 매주 예배를 통해 이웃 사랑에 대해 신앙고백하기 때문입니다. 나는 이번 주 낮은 자를 위해 무엇을 할 수 있겠습니까?

❷ 그리고 우리 공동체(구역, 셀, 목장)는 낮은 자를 위해 무엇을 할 수 있겠습니까?

Chapter 3 "듣고, 소리 질러"

나사렛 예수시란 말을 **듣고 소리 질러** 이르되 다윗의 자손 예수여 나를 불쌍히 여기소서 하거늘 많은 사람이 꾸짖어 잠잠하라 하되 그가 더욱 크게 소리 질러 이르되 다윗의 자손이여 나를 불쌍히 여기소서 하는지라 (막 10:47-48)

지난 내용 체크

❶ 무리들은 맹인이자 거지인, 즉 사회적 평균에 미치지 못하는 바디매오를 꾸짖었으나, 예수님은 바디매오를 돌아보셨습니다.
✓ 믿음이란 낮은 자들에게까지 반응하는 것입니다.
✓ '현대판 바디매오들'은 좋은 교회를 만나면 됩니다.

 이번 장에서는 무리의 꾸짖음에 대한 '바디매오의 반응'을 통해 성령의 음성을 듣겠습니다.

진짜를 가진 자가 강하다

 무리의 소리에 대한 바디매오의 첫 번째 반응은 "듣고 외침"이었습니다. "맹인 거지 바디매오가 길 가에 앉았다가 나사렛 예수시란 말을 듣고 소리 질러 이르되 다윗의 자손 예수여 나를 불쌍히 여기소서 하거늘"(막

10:46-47) 여기 "듣고"는 헬라어 '아쿠사스'(기본형 ἀκούω)인데 '깨달았다'라는 의미가 있습니다. 이는 어떠한 소리를 들었는데, "그 소리는 자신이 알고 있는 진리나 사실과 같다"라는 것에 대한 깨달음입니다. 즉 바디매오는 "나사렛 예수"라는 소리에, '자신이 여태 믿고 기다린 그리고 성경이 예언한 그 메시아(그리스도)임을 깨달았다'라는 것이지요! 그 즉시 바디매오는 '그 깨달음에 대해 바로 외쳤다'라는 뜻입니다. 진리에 대한 깨달음을 '성령의 조명'이라고 합니다. 어둠에 빛이 임하는 것 그래서 사물이 밝히 보이는 것을 말합니다.

비유하건대, 지금 예배가 드려지는 이 장소가 캄캄하다고 생각해 보십시오. 보이지는 않을지라도 성도들은 최기열 목사가 강단에 있다는 사실을 믿고 있습니다. 그런데 전원 스위치가 켜지면서 제가 있다는 사실이 확인되었습니다. 그때 성도들이 "목사님, 여기 있었지요! 맞지요!"하고 외치는 것입니다. 즉 바디매오의 들음은 전원 스위치가 작동하여 밝아진 그 상태를 의미합니다.

바디매오의 첫 반응인 "듣고 소리 질러"에는 2가지 교훈이 있습니다.

첫째 교훈은, 사모함입니다. 바디매오는 하나님의 아들 예수 그리스도의 오심을 간절히 사모했습니다. 그 사모함이 진리와 깨달음에 접속되는 순간 봇물터지듯 외쳐진 것입니다.

이 대목에서 묻고 싶습니다. 예수님과의 만남 즉 참 진리와의 만남을 간절히 사모하고 있습니까? 특히 매 주일 언약 갱신의 자리인 예배의 자리가 기다려지십니까? 옛날에 있었던 하나님이나 예전 말씀을 듣는 것이 아니라, 지금 살아계신 하나님을 만나고 그 하나님이 지금 우리에게 전하는 '그 말씀에 대한 사모함'이 있습니까?

이 사모함과 간절함은 '나 자신이 주님 없이는 한날한시도 살아갈 수 없는 연약한 존재임을 고백하는 태도'인 것입니다. 팔복으로 연결하면 '심령이 가난한 자'입니다. 그래서 심령이 가난한 자는 복이 있나니 천국이 저희 것이 됩니다(마 5:3). 모든 복의 시작은 심령의 가난함(자신의 연약함, 겸손)을 고백함으로 시작됩니다. 그렇기에 예배에 생명을 거는 것이지요! 왜냐하면 말씀이신 예수님이 길이요, 진리요, 생명인 까닭입니다(요 14:6). 참된 예배자는 길과 진리를 고백하는 까닭에, 악인의 길이 아닌 바른 정도와 의의 길을 살아갈 수 있습니다. 참된 예배자는 참 생명이 있기 때문에, 아주 죽는 법이 없습니다. 우리 안에 있는 생명의 성령의 법이 반드시 우리를 살리기 때문입니다. 이것이 영과 진리로 예배하는 자의 복입니다(요 4:24).

둘째 교훈은, 진리(말씀)가 가지는 힘과 능력입니다. 진리에 대한 깨달음은 주변의 위험과 비난이 예상되더라도 외칠 수 있는 힘이요, 그것에서 자유하게 하는 능력이 있습니다. 그래서 예수님은 말씀하셨습니다. "진리를 알지니 진리가 너희를 자유롭게 하리라"(요 8:32) 바디매오는 맹인이고 거지입니다. 세상에서는 그것이 부끄러움입니다. 그럼에도 외쳤습니다. 진리는 그 부끄러움을 이기는 힘이 있습니다. 무리가 바디매오의 외침을 저지하고 오히려 꾸짖었을 때, 바디매오의 모습을 보십시오. 그는 더욱 크게 외쳤습니다. "많은 사람이 꾸짖어 잠잠하라 하되 그가 더욱 크게 소리질러 이르되 다윗의 자손이여 나를 불쌍히 여기소서 하는지라" 왜요? 참 진리를 만나면-진짜를 만나면- 진짜 아닌 것에 대해서는 부끄러워할 필요가 전혀 없기 때문입니다. 따라서 복음을 경험한 자는 나의 모든 부끄러움을 예수님에 대한 믿음으로 이겨내는 것입니다. 세상에 대해 담대할 수 있습니다. 이런 이유로 하나님은 로마서를 통해서 복음의 능력에 대해 말씀하셨습니다. "내가 복음을 부끄러워하지 아니하노니 이 복음은 모든 믿는 자에게 구원을 주시는 하나님의 능력이 됨이라 먼저는 유대인에게요

그리고 헬라인에게로다"(롬 1:16)

곽선희 목사님이 경험한 실제 이야기인데, '복음의 진수'가 들어 있어 소개합니다. 어느 사교 모임에서, 마주 앉게 된 어느 부인과 대화를 하게 되었는데 이야기 소재가 없어 어색했습니다. 마침 그 부인이 목에 걸고 있는 진주 목걸이를 보게 되어 그 목걸이로 대화를 이어나갔습니다. "그 목에 거신 진주 목걸이가 참 아름답습니다. 아주 잘 어울립니다"라고 칭찬한 후, "그런데 제가 보기에는 그것이 모조품인 것 같습니다"라고 했습니다. 이때 그 부인이 약간 놀라는 눈치이기는 했지만, 빙그레 웃으면서 "어떻게 아느냐"고 물었습니다. 곽목사님이 답합니다. "제가 사지는 않아도 윈도우 쇼핑을 많이 해서 가짜와 진짜 정도는 구분할 수 있습니다" 이 상황은 이 부인에게 큰 결례를 범한 것일 수 있습니다. 그런데 그때 부인이 "정확하게 보았다"하며 크게 웃었습니다. 그리고 하는 얘기가 다음과 같습니다. "실은 진짜 진주 목걸이는 너무 아름다워서 그리고 아까워서 집에 간직해놓습니다. 외출 때에는 그것과 똑같이 만든 모조품을 걸고 나옵니다" 진짜는 따로 가지고 있다는 것이지요.

만일 가짜를 가진 분에게 "그것은 가짜다"라고 얘기하면, 얼마나 부끄럽고 모욕적인 언사로 들리겠습니까? 돈 없는 사람에게, "돈도 없잖아"라고 한다면 얼마나 마음이 아프겠습니까? 배우지 못한 사람에게 "무식하다"라고 하면, 얼마나 기분이 나쁘겠습니까? 그럼에도 이 부인은 곽목사님의 말을 모욕으로 듣거나 부끄러워하거나 마음 아파하거나 기분 나빠하지 않았습니다. 전혀! 진짜 목걸이를 자신이 가지고 있었기 때문입니다.

어떤 사람이 재벌 회장에게 "돈도 없으면서!"라고 했다고 합시다. 그러면 그 회장은 화를 내겠습니까? 씩~ 웃겠지요! 왜요? 자신은 진짜 부자이기 때문입니다.

무리가 맹인이자 거지인 바디매오에게 꾸짖고 잠잠하라고 하면, 얼마나 위축되겠습니까? 그럼에도 바디매오는 멈추지 않았습니다. 위축되지 않았습니다. 왜요? 진짜를 만났기 때문입니다. 위의 비유로 진짜 진주 목걸이를 가지고 있기 때문입니다.

여기서 묻고 싶습니다. 복음이(예수님이) 즉 내가 은혜로 구원받았다는 믿음이, (이것을 확대 적용해서, 교회 다닌다는 사실이) 사람으로부터, 환경으로부터, 상황으로부터 자신을 자유롭게 합니까? 그 복음이 세상의 잣대로 말하는 부끄러움과 약함을 이기게 합니까? 그래서 바울 사도처럼 오히려 나의 약함을 자랑하고 계십니까? 그 약함이 나의 하나님을 더 가까이하게 하는 자랑이 되고 있습니까? 아니면 여전히 (아직도) 부끄럽습니까? 그래서 어떤 사람을 피하십니까?

진리인 성경 '말씀'에 '강'하십시오. 말씀이 '그렇다'하면 '그렇다'라고 '믿으십시오'. 물론 따지지도 묻지도 않는 맹목적 신앙을 강요하는 것 아닙니다. 말씀이 과연 그런가 하고 많이 상고하시고 질문도 하십시오. 그래서 그것이 진리로 판명되면, 그래서 성령 하나님의 역사로 그 진리가 믿어지면, 이제 더 이상 주변 사람이나 환경이나 상황을 두려워하지 마십시오.

이는 하나님이 여호수아에게 한 약속과 동일합니다. "오직 강하고 극히 담대하여 나의 종 모세가 네게 명령한 그 율법을 다 지켜 행하고 우로나 좌로나 치우치지 말라 그리하면 어디로 가든지 형통하리니 이 율법책을 네 입에서 떠나지 말게 하며 주야로 그것을 묵상하여 그 안에 기록된 대로 다 지켜 행하라 그리하면 네 길이 평탄하게 될 것이며 네가 형통하리라" (수 1:7-8) 한 문장으로 요약하면, "네가 말씀에 강하면 그 말씀이 너를 형통케 할 것이다"라는 약속입니다. 언제 말씀에 강할 수 있습니까? 말씀과 그 약속을 '믿을 때'입니다! 진리에 대한 믿음은 주변 사람과 환경과 상황을 이기는 능력이 있습니다. 내가 복음을 지닌 그리스도인이라는 것이 능력이고 자랑이 되기를 바랍니다.

세상은 복음을 이길 수 없다

오늘날 세상을 향해 기독교 진리를 선포하면 세상으로부터 얼마나 많은 논쟁이 쏟아집니까? "하나님이 세상을 창조했고 세상을 다스린다"라고 하면, 세상은 '과학'을 들고나옵니다. 진화의 증거를 보라는 것이지요! 빅뱅의 이론을 보라는 것이지요. "하나님이 여자와 남자를 창조했다"라고 하면, 세상은 그리스도인들을 향해 편협한 인간이라고 하며 그들의 '인문학'을 들고나옵니다. 백번 양보해서 이런 것은 사상의 대립으로 보아 얼마든지 마주 앉아 대화할 수 있습니다.

그런데 세상이 비열한 것은 그들의 주특기 '비난'을 들고 접근합니다. '무고'합니다. '없는 거짓말'로 사람을 '매도'합니다. 예를 들어 그리스도인이 "동성애옹호론자들의 말들과 선택을 존중한다"라고 했다고 합시다. 비난하거나 혐오한 것 아닙니다. 그들을 사람으로 존중한다는 것이지요. 그런데 이들이 말합니다. "너는 동성애자를 혐오하는구나!"라고 합니다. '존중한다'라는 그 말을 왜곡하고 변질시켜 사람의 인격에 모독과 비난을 가합니다. 정말 웃기고 자빠질 일이지요. 그들은 자기들의 생각을 강요하기 위해, 오히려 거짓말로 '나쁜 그리스도인'으로 바꾸어 버리는 것입니다. 오히려 사람을 폄하함으로 대응합니다. 휴머니즘을 자처하는 정부와 권력자들과 학자들과 언론을 동원하여 그리스도인의 신앙과 교회를 비난하는 실정입니다. 그러니 그리스도인들이 세상으로부터 인격적 모독을 받을 때 얼마나 위축되고 두렵겠습니까?

그러나 그리스도인인 우리가 복음과 진리에 사로잡혀 있다면, 우리는 그들의 비난과 모욕에도 자유할 힘과 이길 힘과 능력을 가질 것입니다. 세상은 앞으로도 교회와 그리스도인에 대한 비난을 약화시키거나 멈추지 않을 것입니다. 오히려 더욱 비난을 지속하여 더할 것입니다. 그때 기억하십시오. "내가 하나님을 의지하였은즉 두려워하지 아니하리니 사람이 내게 어찌하리이까"(시 56:11), "여호와는 내 편이시라 내가 두려워하지 아니하리니 사람이 내게 어찌할까"(시 118:6) 하나님이 세상보다 강하십니다. 하나님이 절대적으로 강하십니다. 그 하나님이 우리의 배경임을 결단코 잊지 마시기 바랍니다. 그러니 진리와 말씀과 복음에 강한 그리스도인이 되십시오. 진리와 말씀과 복음에 뿌리내린 영적 거장이 되십시오. 우리의 뿌리가 진리이고 말씀이고 복음이면, 바깥바람이 아무리 세차게 불어도 우리는 이길 수 있습니다. 비록 꺾일 수는 있어도, 우리의 뿌리가 생명이신 말씀이기에 다시 일어나는 것입니다. 이것이 '복음의 능력'이고 '힘'입니다. 이것을 감각적으로 경험하기를 바랍니다.

제일 먼저 반응하는 주변 사람들

눈여겨볼 것이 있습니다. 바디매오의 외침에 '주변 사람들'이 '먼저' 대답했다는 것입니다. "많은 사람이 꾸짖어 잠잠하라 하되...." 주님께서 응답해 주시기 전에 주변 사람이 먼저 반응했습니다. 바디매오의 삶을 근본적으로 변화시키는 운명적인 만남이 성사되기 직전에, 주변 사람들은 바디매오를 저지하고자 최선을 다했습니다.

원문에 기록된 "꾸짖어"는 헬라어 '에페티몬'(기본형: $\epsilon\pi\iota\tau\iota\mu\acute{\alpha}\omega$)으로 '미완료형'입니다. 원어상 '미완료'라는 표현은 '지속하다', '계속되다'라는 뜻입니다. 영어로 보면 '현재완료 계속' 용법입니다. 즉 무리는 바디매오를 '한 번' 꾸짖은 것이 아니라, 주위의 많은 사람이 "'계속해서' 꾸짖으며 조용히 하라"라고 했다는 뜻입니다. 영어 성경(NASB)는 더 실감나게 해석해 놓았습니다. "Many were sternly telling him to be quiet <u>sternly</u>"

"sternly"는 '엄하게, 준엄하게'입니다.

만일 바디매오가 이렇게 말하는 주변 사람들의 말을 듣고 그 외침을 그쳤다면, 바디매오는 어떻게 되었을까요? 그는 주님과 만남은 고사하고, 자신이 알고 있는 진리에 대한 깨달음이나 그가 가질 자유함과 담대함, 무엇보다도 구원을 경험하지도 못했을 것입니다.

무엇을 얘기합니까? 내가 나의 결정적 운명을 바꾸고자 할 때 누가 제일 먼저 반응할까요? "나는 이제 하나님의 아들 예수 그리스도를 만나 은혜와 믿음으로 올바른 인생을 살 것이다"라고 결심하고 행동하고자 하면, 누가 제일 먼저 반응할까요? 바로 '주변 사람들'입니다. 나의 친구이고 부모님이며 나의 배우자이고 나의 자녀입니다. 내 신앙을 고백하기 전에 제일 먼저 반응하는 것이 주위의 환경이라는 말입니다. 이때 주변의 반응에 대해 우리의 올바른 반응이야말로, 이후의 모든 결과를 전혀 다르게 이끌어 갈 것입니다.

예를 들면, 그리스도인으로서 세례를 받는다는 것은 일생에 있어 단 한 번으로 참 의미 있는 사건입니다. 그런데 "비그리스도인으로 살다가 이제 그리스도인으로 살겠다"라고 결단한 그 사람의 주변 사정이 녹녹하지 않습니다. 세례받기 쉬운 형편은 아닐 것임을 본문을 통해서도 짐작할 수 있습니다. 그래서인지 세례 대상자가 세례를 받고자 하는 당일에 세례를 받지 못하게 할 일들이 발생하는 것을 너무나 자주 목격하곤 합니다. 그때 세례받을 당사자는 갈등합니다. '어떻게 할 것인가?', '다음으로 미룰 것인가?', '어차피 교육은 이수했고, 시험과 문답도 거쳤으니 다음에 형편이 나아졌을 때 세례받아도 괜찮지 않겠는가?'라고 생각합니다. 들어보면 그 형편이 이해됩니다. 그렇게 해서 미룹니다. 그런데 아이러니하게도, 그 세례 대상자가 그다음 세례 날에도 피치 못할 사정이 또 생기는 것을 봅니다. 그리고는 몇 년 동안 세례받지 못하는 것을 제법 보았습니다. 왜 그럴

까요? 사단이 그 영혼을 가만히 놔두지 않습니다. 사단이 제일 싫어하는 것 중의 하나가 세례 예식입니다. 자신의 종이 하나님의 자녀로 입양되는 것을 견디지 못합니다. 예수에게 빼앗겼으니 얼마나 열불이 나겠습니까? 그러니 사단은 자신의 모든 힘으로 사람과 환경을 동원해서 그 세례 예식을 막고자 합니다. 세례 대상자와 가장 가까운 사람을 움직입니다. 그와 밀접한 관련이 있는 상황-직장, 질병, 취미 등-을 작동시켜서, 세례 예식 참여를 어렵게 합니다. 심지어 미래를 알지 못하는 사단의 속성상 주님의 큰 일꾼이 되겠다 싶은 성도로 보이면, 심각한 질병이나 재난을 가져와서라도 방해하고자 합니다.

우리 아이들이 학교에서 공부하기 전에 성경을 펴고 묵상하거나 기도해 보십시오. 모든 눈이 그 아이를 쳐다볼 것입니다. 우리 어른들은 고3 수험생 때, 주일에도 학교에 가야 했지요. 그때 고3 아이가 "주일 예배 때문에 학교를 못간다"거나, "예배를 드리고 가겠다"라고 말하면, 그때 누가 제일 먼저 반응합니까? 학교 선생님입니다. 즉 나를 둘러싸고 있는 환경이 반응합니다. "교회 다니면 하나님이 대학 보내준다든?" 이전에는 선생님이 몽둥이를 들고 협박을 하기도 했습니다. 그리고 부모님이 반응합니다. "대학 가서 교회 가라, 고3인데 하나님도 이해하고 교회 목사님도 별말씀 안하실 거야" 안타까운 것은 직분자임에도 이렇게 반응하시는 분들이 꽤 있다는 것이지요! 교회에서는 충성하고 순종하는 교인임에도 유독 자식 문제가 걸리면 불순종을 선택하는 모습을 보곤 합니다. 저는 이 아이들과 부모들의 슬픈 결말을 너무도 많이 봐 왔습니다. 뻔히 보이고 예측가능한 결말인데도 가장 가까운 부모는 그것을 보지 못했습니다. 부모는 아이를 믿고 오히려 하나님을 신뢰하지 못하는 모습이었습니다.

"아이를 홈스쿨하면서 하나님의 자녀로서 신앙을 우선하여 키우겠습니다"라고 말하면, 그 부모를 안다는 주위에 있는 분들이 반응합니다. 아이의 '사회성'을 가지고 말합니다. "세상 물정 모른다"라고 반응합니다. "나도 살아보니 신앙이 전부가 아니더라" 말합니다. "신앙도 여건이 되어야 가능하더라!"라고 말합니다. 그러니 조건을 갖출 것을 강권합니다.

이때 우리는 주위의 사람들로 인해, 그들이 말하는 염려스러움으로 인해, 그들이 이미 겪었던 경험이라는 힘에 의해 주눅이 들고 스스로 염려하고 좌절하곤 합니다. 더 이상 하나님 나라를 꿈꾸지 않습니다. 하나님의 사람이 되기 위한 기도를 멈추고 현실에 순응합니다. 그에게는 사람의 소리가 말씀과 약속의 소리보다 크게 들렸기 때문입니다.

사람의 말에는 귀를 두껍게 하라

그러나 분명한 것은 주변의 시선이나 환경은 그리스도인에게 아무것도 해 줄 수 없습니다. 분명히 기억하십시오. 주위에 그토록 많은 사람이 있었건만 그 어느 누구도 바디매오의 눈을 뜨게 해주지 못했습니다. 오직 바디매오의 눈을 뜨게 하신 분은 예수님입니다. 부모가, 선생님이, 친구가 나(우리)의 인생을 책임져 주지 않습니다. 약간의 도움을 줄 수는 있겠지요. 그러나 우리가 예수님을 찾기만 하면, 예수님은 우리의 영혼을 책임져 주십니다. 예수님은 우리 삶의 목자 되시기 때문입니다. 무엇보다도 영원한 생명을 주십니다. 그 받은 영생과 믿음으로 세상을 이길 힘을 주십니다. 어떻게 이것이 가능합니까? 하나님은 그럴 능력이 있으신 전능하신 분이시기 때문입니다. 그리고 하나님이 하시는 모든 일을 통해 우리를 선으로 이끌어주시기 때문입니다.

다른 사람이 뭐라고 하든지 그것은 중요하지 않습니다. 중요한 것은 하나님과 나와 일대일 즉 수직적 관계임을 명심하셔야 합니다. 사람의 말과 조언을 무시하라는 것이 아닙니다. 사람의 말과 말씀이 충돌하고 갈등할 때 무엇이 중요한가에 대한 선명한 분별력을 가지라는 것입니다. 사람의 소리를 들을 것인지, 신앙의 소리를 들을 것인지는 자유의지를 가지고 선택한 우리의 책임입니다. 선택에 대한 책임은 자신이 지는 것입니다.

진정으로 예수 믿는 신앙인이라면, 사람의 말에 귀가 두껍기를 바랍니다. 주변의 반응에는 무디기를 바랍니다. 역으로 하나님의 말씀과 부르심에 귀가 얇기를 바랍니다. 주님에 대한 관계가 먼저입니다. 수직적인 관계가 바르면, 사람의 소리를 분별할 수 있는 기준과 힘이 생깁니다. 귀가 얇은 사람은 사람의 소리를 듣고서 하나님의 응답으로 확신하려고 합니다. 아닙니다. 하나님의 음성을 듣고서 사람의 소리를 분별해 내는 것이 참된 지혜입니다.

사람의 말을 듣고서 판단하고 확신하는 것만큼 어리석은 것이 없습니다. 사람의 말들은 이미 죄의 영향으로 죄가 묻어 있어 순전하지 않습니다. 자기 소견에 옳은 대로, 소위 자기 생각대로 말할 뿐입니다. 때로는 어떤 이기적인 내면의 목적을 가지고 말하지요! "열 길 물속은 알아도 한 길 사람 속은 모른다"라는 속담이 있지 않습니까? 그리고 무엇보다도 사람은 책임을 지지 않습니다. 그러나 하나님의 말씀은 순전합니다. 오염이 없습니다. 그러니 신뢰해도 됩니다. 그 순전한 말씀 위에 판단한 것은 믿어도 됩니다. 왜냐하면 하나님은 말씀대로 역사하시기 때문입니다. 하나님은 말씀에 벗어나 역사하지 않기 때문입니다. 하나님은 말씀에서 벗어나는 것을 하지 않으십니다.

사람이 내게 어찌하랴

바디매오는 말씀을 깨닫고 소리쳤습니다. 그의 심중에는 주님과의 만남에 대한 사모함이 있었습니다. 무엇보다도 견고한 말씀이 있었습니다. 주님이 드디어 바디매오에게 자신과 진리를 나타내셨습니다. 그러자 그는 부끄러움이나 비난과 모독을 개의치 않았습니다. 왜요? 진짜를 가지고 있었기 때문입니다. 때문에 교회는 진리인 말씀에 강해야 합니다. 말씀에 부흥이 있는 교회여야 합니다. 말씀과 복음의 강력에 대해 예수님과 바울의 증언입니다. "진리를 알지니 진리가 너희를 자유롭게 하리라"(요 8:32), "내가 복음을 부끄러워하지 아니하노니 이 복음은 모든 믿는 자에게 구원을 주시는 하나님의 능력이 됨이라 먼저는 유대인에게요 그리고 헬라인에게로다"(롬 1:16)

믿음으로 살고자 할 때 자동으로 복음의 능력이 임하는 것은 아닙니다. 가장 가까운 사람과 환경이 먼저 저지하려고 할 것입니다. 심지어 모독하고 없는 말도 만들어 내어 비난하려고 할 것입니다. 그것도 지속적으로! 그때, 두려워하지 마십시오. 그들이 우리에게 해 줄 수 있는 것은 아무것도 없습니다. 오직 하나님의 아들 예수 그리스도만이 우리를 선으로 인도해 주실 것입니다. 그리고 이 말씀을 되새김질하십시오. "내가 하나님을 의지하였은즉 두려워하지 아니하리니 사람이 내게 어찌하리이까"(시 56:11), "여호와는 내 편이시라 내가 두려워하지 아니하리니 사람이 내게 어찌할까"(시 118:6).

〈나눔: 진짜를 가진 자가 강하다. 세상은 복음을 이길 수 없다〉

❶ 예수님과의 만남, 참 진리와의 만남을 간절히 사모하고 있습니까? 그 사모함은 어떻게 표현되고 있습니까? 반대로 주님과의 만남이 형식적으로 변했거나, 사모함과 기대감이 사라지는 이유는 무엇이겠습니까?

❷ 매 주일 언약 갱신이 일어나는 말씀의 자리가 나에게 복이 되는 이유는 무엇이겠습니까? 그 실제적(경험적) 이유를 나누어 봅시다.

❸ 복음(진리)이 주는 자유함과 복음으로 부끄러움을 이기는 능력을 경험한 적이 있습니까?

〈나눔: 믿음의 반응에 제일 먼저 반응하는 것은 주위 사람들이다〉

❶ 당신이 믿음으로 결단한 신앙고백과 행동이 사람이나 환경에 의해 영향받고 있는 것은 무엇이 있습니까?

❷ 믿음으로 결단한 신앙고백과 행동이 사람들의 반응이나 말에 의해서 변경되었거나 포기된 적이 있습니까? 그로 인해 얻는 교훈은 무엇입니까?

❸ 당신의 믿음과 신앙고백적 행동이 주위의 환경에 영향을 받았음에도 불구하고, 신앙고백과 행동을 굽히지 않고 있는 것은 무엇입니까? 그리고 어떤 교훈을 얻었습니까?

Chapter 4 "그러나 더욱 크게 소리 질러"

나사렛 예수시란 말을 듣고 소리 질러 이르되 다윗의 자손 예수여 나를 불쌍히 여기소서 하거늘 많은 사람이 꾸짖어 잠잠하라 하되 **(그러나)** 그가 **더욱 크게 소리 질러** 이르되 다윗의 자손이여 나를 불쌍히 여기소서 하는지라 (막 10:47-48)

지난 내용 체크

❶ "나사렛 예수"란 말을 들은 바디매오는 "다윗의 자손이여"라 외쳤다.
✓ 성경이 예언한 메시아에 대한 믿음과 사모함이 외치게 만들었습니다.
✓ 그 외침은 진리(말씀)에 대한 믿음에서 나오는 힘과 용기였습니다.
 따라서 진리는 사람과 상황과 환경에서 자유하는 능력을 줍니다.
 진리는 부끄러움을 이기게 합니다.

❷ 바디매오의 믿음에 따른 외침에 '주위' 사람이 먼저 반응했습니다.
✓ 믿음이란, 사람의 말에는 귀를 두껍게 하고 말씀에 대해서는 귀를 얇게 하는 것입니다.

 본 장에서는 바디매오의 두 번째 반응인 "그러나 더욱 크게 소리 질러"를 살피겠습니다.

"그러나"(But)

주위 사람들이 바디매오를 꾸짖자, 바디매오는 자신의 외침을 포기했습니까? 아닙니다. 만일 포기했다면, 바디매오 이야기는 성경에 기록되지 않았을 것입니다. 바디매오의 이야기를 성경에 기록케 한 바디매오의 또하나의 결정적 반응은 "그러나"(But)입니다. "많은 사람이 꾸짖어 잠잠하라 하되 그가 더욱 크게 소리 질러 이르되 다윗의 자손이여 나를 불쌍히 여기소서 하는지라" 한글 성경에는 '하되'라고 기록되어 있기에 "그러나"라는 역접 접속사가 선명하게 드러나 있지 않지만, 헬라어 원문을 보면 헬라어 "데"(δέ)인 "그러나"라는 역접 접속사가 있습니다. 특히 영어 성경(NASB)을 보면 선명하게 'but' 역접 접속사가 있습니다. "Many were sternly telling him to be quiet, **but** he kept crying out all the more, Son of David, have mercy on me!" 주위에서는 계속해서 "그만 해라"고 꾸짖었습니다. "그러나 바디매오는 더욱 크게 소리 질러" 주님을 불렀습니다.

다수가 말하면 그 다수성이 가진 집단적 성격으로 인해 그 말은 힘을 얻어 위력이 되고 상대방에게는 위협으로 들리기 마련입니다. 형법상 1명이 폭행하면 '단순' 폭행인데, 2명 이상이 폭행하면 '특수' 폭행이 되어 가중처벌 됩니다. 이는 다수가 가지는 위력과 위험성이 그만큼 크기 때문입니다.

바디매오의 주변에 있던 다수가 한 번이 아닌 계속하여 꾸짖음과 위력을 행사했습니다. 그럼에도 바디매오의 태도는 단호했습니다. "그러나" 태도입니다. 왜요? 그것이 바디매오의 믿음이었고, 믿음에서 나오는 담대함이었기 때문입니다. 그래서 그는 "더욱 크게 소리 질러"로 반응했습니다.

사무엘하 5장을 보면, 한 번도 패한 적이 없는 난공불락의 요새인 여부스성을 다윗이 정복하고자 할 때, 그 성에 살던 여부스 사람들이 다윗을 조롱했습니다. "왕과 그의 부하들이 예루살렘으로 가서 그 땅 주민 여부스 사람을 치려 하매 그 사람들이 다윗에게 이르되 네가 결코 이리로 들어오지 못하리라 맹인과 다리 저는 자라도 너를 물리치리라 하니 그들 생각에는 다윗이 이리로 들어오지 못하리라 함이나"(삼하 5:6). 그러나 결과는 어떠했습니까? 다윗은 빼앗았지요! "(그러나, But) 다윗이 시온 산성을 빼앗았으니 이는 다윗 성이더라"(삼하 5:7). 영어 성경(NLT)은 선명하게 해석했습니다. "But David captured the fortress of Zion, which is now called the City of David."

어떻게 이것이 가능했습니까? 다윗은 환경이나 사람의 소리가 아니라, 전능자 하나님을 믿음으로 붙들었기 때문입니다. 다윗은 여부스 사람들이 하는 말에는 귀가 두꺼웠고, 저 성을 주시겠다는 하나님의 약속엔 귀가 얇았습니다. 다윗은 사람의 말에 반응하지 않았고, 그들이 가진 환경 즉 군사력과 힘을 두려워하지 않았습니다. 게다가 그들이 지르는 과장된 조롱(거짓말)에도 위축되지 않았습니다. 우둔해서가 아닙니다. 다윗은 그 성과 사람들이 자기들보다 대단한 것을 압니다. 그럼에도 다윗은 오직 하나님의 말씀을 붙잡았습니다. 그러니 다윗은 그 사람과 환경에서 물러나지 않고 담대히 전진할 수 있었습니다. 왜요? 다윗은 하나님의 말씀에 강했고 그 약속을 믿었기 때문입니다. 전능하신 하나님은 다윗의 그 믿음에 반응하여 다윗과 함께하셨습니다.

세상이 자신의 힘과 자신의 데이터로 하나님의 사람을 과장하여 조롱했습니다. 그러나! 하나님이 하나님의 사람 다윗과 함께하였기에 그 성을 빼앗았고, 그 성은 "여부스 성"에서 "시온 산성"으로 변경되었습니다. 그리고 하나님은 마치 다윗의 믿음에 대한 보상을 주시는 것처럼 그 성의 또 다른 이름을 "다윗 성"으로 명명하였습니다. 중요한 것은, "하나님의 말씀이 우리와 함께하는가?", "약속에 대한 믿음과 신뢰가 있는가?"에 따라 "그러나"가 드러나는 법입니다.

하나님의 아들 예수님을 믿는 그리스도인에게는 반드시 "그러나"의 역설적 은혜가 있기 마련입니다. 하나님이 베푸시는 역설적 신비입니다. 그리스도인이 삶의 역경 속에서도 인내하며 연단하고 소망을 확신하는 것은, 우리가 믿는 하나님께서 우리를 "그러나"로 인도하시기 때문입니다.

고난과 역경이 있습니다. "그러나" 하나님이 우리를 그 지경에서도 평안과 복으로 이끄십니다. 병들고 약합니다. "그러나" 하나님이 우리의 약함을 통로 삼아 우리를 강하게 하십니다. 이 "그러나"는 믿음과 신앙으로 살아본 자들이 경험하는 신비이자 은혜입니다.

가장 아름다운 그러나(But)

지금까지는 "그러나 바디매오가", "그러나 다윗이"었다면, 무엇보다도 "가장 아름다운 '그러나'(but)"가 있습니다. 그것은 "그러나 하나님이"입니다. 이는 그리스도인이 '그러나 이력서'를 써 갈 수 있는 근원이 되는 "그러나" 입니다.

에베소서 2:1-5은 "가장 아름다운 그러나"를 소개하고 있습니다. "그는 허물과 죄로 죽었던 너희를 살리셨도다 그때에 너희는 그 가운데서 행하여 이 세상 풍조를 따르고 공중의 권세 잡은 자를 따랐으니 곧 지금 불순종의 아들들 가운데서 역사하는 영이라 전에는 우리도 다 그 가운데서 우리 육체의 욕심을 따라 지내며 육체와 마음의 원하는 것을 하여 다른 이들과 같이 본질상 진노의 자녀이었더니"(엡 2:1-3). 여기까지가 구원받기 전의 우리 실상이었습니다. 그런데 역전이 일어납니다. "(그러나) 긍휼이 풍성하신 하나님이 우리를 사랑하신 그 큰 사랑을 인하여 허물로 죽은 우리를 그리스도와 함께 살리셨고 너희는 은혜로 구원을 받은 것이라"(엡 2:4-5). 헬라어 원문에는 "그러나" 접속사인 "데"(δέ)가 등장합니다. 영어 성경(NASB)에도 "But"으로 시작하지요! 한글 성경에는 "그러나"가 빠져 있어 너무나 아쉽기는 합니다. 단 새번역 성경에는 "그러나"로 시작합니다.

하나님께서 우리를 영적으로 죽은 그대로, 하나님께 반역한 그대로, 죄에 얽매인 그대로 내버려 두실 수도 있었습니다. 그렇게 하셔도 하나님의 거룩함에는 어떠한 손상도 없습니다. "그러나 하나님이" 그렇게 내버려 두지 않으셨습니다. 우리의 상태가 진노의 자녀임에도 불구하고(in spite of) "그러나 하나님이" 우리를 그의 긍휼하심으로 구원하셨습니다. 그리하여 하나님의 아들(딸)이 되었습니다. 본질상 허물과 죄로 죽었던 우리는 절망이고 최악의 상태였습니다. "그러나 하나님이 개입하시자", 우리는 구원을 얻었습니다. 그것도 은혜로! 즉 최상의 상태입니다.

우리의 구원과 우리의 본질적 변화가 "하나님이 베푸신 '그러나'의 은혜"였습니다. 때문에 "그리스도인이란, 최악에서도 최상을 소망하는 이들"입니다. 최악에서도 최상을 꿈꿀 수 있는 힘은 어디에서 나옵니까? 나에게서요? 사람에겐 전혀 그럴 능력이나 힘이 없습니다. 사람이 "그러나" 눈을 들어 전능자 하나님을 바라볼 때입니다. 최악에서도 "그러나" 절대자 하나님의 이름을 부를 때입니다. 그때에야 "그러나"라는 역설적 능력이 그리스도인에게 임하는 것입니다.

한 번의 외침으로는 부족하다

바디매오의 소리 지름에 대한 성경의 증언을 다시 봅시다. "많은 사람이 꾸짖어 잠잠하라 하되 (그러나) 그가 더욱 크게 (계속하여) 소리 질러 이르되 다윗의 자손이여 나를 불쌍히 여기소서 하는지라"(막 10:48). 여기 바디매오의 "소리 질러"는 헬라어 '에크라젠'으로 미완료 형태입니다. 무리가 꾸짖는 것도 계속을 뜻하는 미완료인데, 바디매오의 부르짖음도 계속을 뜻하는 미완료입니다. 즉 "끝나지 않았으니 바디매오의 부르짖음은 계속되고 있다"라는 뜻입니다. 그것도 "더욱 큰 소리로", "더욱 힘을 내어"입니다. 이는 바디매오의 절박한 외침이지만, 실은 진리에 대한 목마름이고 구원과 치유에 대한 목마름이었던 것이지요. 왜냐하면 바디매오는 치유받고 집으로 돌아간 것이 아니라, 예수님을 따랐다는 것에서 알 수 있습니다(52절). 드디어 진리를 만났기 때문에 더 이상 주저할 필요가 없었기 때문이지요.

'한 번의 외침', '한 번의 시도'로는 부족합니다. '한 번 하는 기도'로는 부족합니다. 절대적으로 주의할 것은, 이는 "한 번의 기도로는 안 된다"라는 뜻이 아닙니다. "기도의 분량을 채워야 이루어진다"라는 말은 더더욱 아닙니다. "기도의 분량을 채우면 된다"라는 것은 세상 종교에서도 가르치는 것입니다.5)

---

5) 세상 종교는 "지극 정성이면 하늘도 감동한다"(지성이면 감천)라고 하여 열심히 종교인으로서의 의무를 행할 것을 강조합니다. 이러한 기도를 무엇이라 부릅니까? '중언부언'이라고 합니다. 이는 기도의 응답이 나의 노력에 달렸다는 것이지요. 이런 기도는 하나님에 대한 앎이나 믿음이 없고서도 가능합니다. 이런 기도는 결국 기도가 아닌 '주문'으로 변질되고, 분량을 채우기 위한 인간의 편리함으로 변질됩니다. 그래서 티벳 불교의 기도 중에 '기도문통'이 나왔습니다. 티벳 사원으로 들어가는 길에 원통이 있는데, 그 원통에는 기도가 새겨져 있습니다. 기도자가 그 원통을 돌리면, 회전된 횟수만큼 기도했다고 인정됩니

주님은 "하나님의 아들 예수 그리스도를 향한 진실한 믿음이 있는가?"를 보십니다. "더욱 부르짖어"의 핵심은, "믿는 바에 대한 확신과 신뢰"입니다. "믿는 바가 확실하니 계속 외칠 수 있습니다"라는 확신을 뜻합니다. 이는 또한 "예수님, 당신이 아니면 안됩니다"라는 "겸손"을 뜻합니다. 즉 형식상 양의 문제-얼마만큼 하면 된다-가 아니라, 실질적인 중심-마음-의 문제입니다. 믿음이 있기에 또다시 그 중심이 외쳐지고, 또다시 외쳐지는 것입니다.

하지만 우리는 단 한 번만 외치곤 합니다. 그리고는 주께서 응답해 주실 때까지 안절부절을 못 합니다. 응답이 없으면 즉각 포기합니다. 왜일까요? 그 믿음은 내가 적당히 계산한 믿음이고, 내가 만든 신뢰이기 때문입니다. '내가 이만큼 외치면 될 것 같다'라고 정하고는 그만큼만 외칩니다. 그런데 응답이 없습니다. 그리고는 그 외침과 더불어 믿음도 중지합니다.

성경은 하나님에 대한 믿음과 약속에 대한 신뢰가 있다면, 단 한 번이 아닌 포기하지 아니하는 부르짖음을 명령합니다. 주님은 산상수훈에서 말씀하셨습니다. "(계속) 구하라 그리하면 너희에게 주실 것이요 (계속) 찾으라 그리하면 찾아낼 것이요 (계속) 문을 두드리라 그리하면 너희에게 열릴 것이니"(마 7:7-8). 여기서 "구하라, 찾으라, 두드리라"는 '단 한 번의 행위'(단회성)가 아닙니다. 원어상 '지속성'을 강조하고 있습니다. 그리고, 예수님도 종종 밤을 새워 오랫동안 기도하셨습니다(눅 6:12; 마 14:23 등). "이 때에 예수께서 기도하시러 산으로 가사 밤이 새도록 하나님께 기도하시고 밝으매 그 제자들을 부르사 그 중에서 열둘을 택하여 사도라 칭하셨으니"(눅 6:12-13). 사도 베드로도 그러했고, 사도 바울도 항상 쉬지

다. 얼마나 편리한지요! 지정의 인격을 담은 수고 없이도 손으로 돌리면 됩니다. 1초면 됩니다! 왜 이런 기도가 나옵니까? 신에 대한 앎이나 관계가 목적이 아니기 때문입니다. 그저 자신이 이 땅에서 누려야 할 복만 받으면 되는 것이지요. 이는 결국 신을 이용하는 인간의 교만입니다.

않고 밤낮 기도하였습니다(롬 1:9; 빌 1:4; 딤후 1:3 등).

또한 주님은 그것이 바른 기도이고 주님의 뜻에 합당한 기도라면, 포기하지 않고 계속해서 기도할 이유에 대해 '비유'로도 말씀하셨습니다. 불의한 재판관을 계속해서 찾아가 청원하는 과부의 비유이지요.

"예수께서 그들에게(제자들에게) 항상 기도하고 낙심하지 말아야 할 것을 비유로 말씀하여 이르시되 어떤 도시에 하나님을 두려워하지 않고 사람을 무시하는 한 재판장이 있는데 그 도시에 한 과부가 있어 자주 그에게 가서 내 원수에 대한 나의 원한을 풀어 주소서 하되 그가 얼마 동안 듣지 아니하다가 후에 속으로 생각하되 내가 하나님을 두려워하지 않고 사람을 무시하나 이 과부가 나를 번거롭게 하니 내가 그 원한을 풀어 주리라 그렇지 않으면 늘 와서 나를 괴롭게 하리라 하였느니라 주께서 또 이르시되 불의한 재판장이 말한 것을 들으라 하물며 하나님께서 그 밤낮 부르짖는 택하신 자들의 원한을 풀어 주지 아니하시겠느냐 그들에게 오래 참으시겠느냐 내가 너희에게 이르노니 속히 그 원한을 풀어 주시리라 그러나 인자가 올 때에 세상에서 믿음을 보겠느냐 하시니라"(눅 18:1-8)

주님은 하나님께 밤낮 부르짖는 기도를 비유로 가르치시면서, 그 비유의 마지막에서 이것이 "믿음"이라고 말씀하셨습니다. "계속해서 부르짖는 '끈기 있는 이'를 보겠느냐?"라고 연결되는 것이 자연스러운데, 주님은 "믿음을 보겠느냐?"라고 했습니다. 왜 이렇게 말씀하신 것일까요? 하나님에 대한 지속적인 부르짖음(기도)이야말로 그것이 "믿음"의 고백이라는 뜻입니다. 즉 "'믿음'이 있어야 '기도'할 수 있고, 믿음이 있어야 '계속'해서 기도할 수 있다"라는 것이지요!

진실한 믿음은 진실한 기도를 낳습니다. 그리고 진실한 믿음은 인내하는 기도 그 자체로 자신의 믿음이 하나님 앞에 진실함을 증명합니다. 또한 기도의 내용이 하나님의 뜻으로 자명하면, 즉 기도의 내용이 주님의 말씀과 그 약속에 바탕을 두고 있고 그 말씀과 약속을 진실로 마음 중심으로 믿는다면, 그 뜻이 이루어질 때까지 계속 간절히 하나님께 호소하여야 합니다. 하나님 아버지 앞에 간절한 우리의 마음을 수백 번 수천 번이라도 고하는 것이 기도입니다.

이렇게 지속적으로 기도함으로 얻는 유익은 무엇이겠습니까? 하나님 아버지와 나와의 수직적 신뢰 관계가 올바르게 정립되기 때문입니다. 뭔가를 얻어서 행복하다면, 그것은 '신뢰 관계'가 아니라 '거래 관계'일 뿐입니다. 거래란 상대방의 인격을 알 필요가 없습니다. 그러나 신뢰는 그 사람을 알기에 그 사람을 믿고 주는 것이지요. 만일 우리와 하나님과의 관계가 거래이면, 한 번이나 많아야 몇 번 기도하다가 중단할 것입니다. 그러나 그 관계가 신뢰이면, 믿는 바를 이룰 때까지 기도할 수 있습니다. 예를 들어 가족의 구원 문제는 한두 번 하다가 안해도 되는 것이 아니라, "주 예수를 믿으라 그리하면 너와 네 집이 구원을 얻으리라"(행 16:31)라는 약속이 이루어질 때까지 하나님을 신뢰하며 계속해서 기도하는 것입니다.

즉 기도를 지속한다는 것은, 기도자와 하나님과의 관계가 거래가 아닌 신뢰 관계임을 말합니다. 한 번의 외침이 아니라 계속하는 간절한 외침은, "내가 하나님과의 관계에서 당신의 백성으로 살고 싶다"라는 신앙고백이자 기도입니다.

자동으로 완성되는 기도는 없다

"그러나(But) 더욱 크게 소리 질러"입니다. 오늘도, 앞으로도 바디매오처럼 간절하게 예수님을 불러 보십시오! "다윗의 자손 예수여 나를 불쌍히 여기소서". 내 상황이 주님을 찾을만한 상황도 아니고 심지어 그럴 기분도 아닐 수 있습니다. "그러나" 주님을 찾으십시오. "그러나" 마음을 다시금 주께로 더욱 향하십시오. 주변 사람들은 바디매오의 외침이 소음으로 들렸기 때문에 짜증이 났습니다. 그러나 예수님에게는 거지 바디매오의 외침이 확성기, 메가폰으로 들렸습니다. 그 들림으로 인해 예수님은 바디매오에게 관심을 보이셨습니다. 예수님은 바디매오의 간절한 외침에 반응하셨습니다. 주님은 가는 길을 멈추시고 바디매오를 부르시고는, 포기하지 않는 외침에 대해 그 '믿음'을 인정해 주셨습니다. 그리고 그의 눈을 고쳐주셨습니다. 바디매오는 예수님을 맹인을 치료하실 수 있는 메시아로 믿었기에 계속해서 간절히 부르짖을 수 있었습니다. 게다가 올바른 대상에 대한 확고한 믿음이 있었기에, 사람들의 꾸중과 반대가 계속해서 있었음에도 "그러나"로 이겨냈습니다.

  자신을 살펴봅시다. 나는 반대와 방해가 있으면, 나의 간절함과 믿음을 포기하지 않는지를 말입니다. 믿는 대상이 올바르고 그에 대한 진실한 믿음이 있다면, 계속해서 주님을 간절히 부르짖기를 바랍니다. 죄의 문제, 자녀 문제, 건강 문제, 관계 문제, 사업의 문제, 영적 성장의 문제를 놓고 "주님 내 상황이 이렇습니다. 주님의 선한 뜻이 무엇입니까? 주님의 뜻이 이루어지기를 원합니다." 계속해서 간절히 부르짖으십시오. 그때 예수님은 우리의 간절함에 반응하시고 응답해 주실 것입니다. 진실한 믿음에 대한 주님의 선물은 주님의 신실한 반응으로 주어집니다. 더구나 주님의 신실하심에는 거짓이 없습니다. 가장 선한 것으로 반응하신다는 것을 기억하시기 바랍니다.

  한편 주의할 것이 있습니다. "올바른 믿음의 대상인 예수님이 보이면 자동으로 간절하게 외칠 수 있다"라고 착각하지 않기를 바랍니다. 사단은

호락호락하지 않습니다. 믿고 알고 있더라도 그래서 가서 외치기만 하면 된다고 하더라도, 사단은 외치지 못하도록 많은 사람과 상황을 보낼 것입니다. 물론 사람들은 자신이 사단의 도구로 이용당한다는 것을 모릅니다. 우리도 모를 수 있습니다. 누군가가 나를 염려하는 마음이 있을 때는 그 말이 진실되게 보이거든요. 그러니 정신 바짝 차려야 하며 분별력과 용기가 필요합니다.

마가복음에서 예수님이 믿음을 인정한 사람들 - 예를 들어 중풍병자를 매고 와서 지붕을 뚫고 내린 사람들(막 2:5)과 혈루병을 앓던 여인(막 5:34) - 은 많은 인파로 인해 예수님께로 나아가기 어려웠다는 공통점이 있습니다. 신체의 부정함으로 인해 심적으로 더욱더 위축된다는 공통된 조건이 있습니다. 그럼에도 용기를 내어 믿음으로 행했습니다. 본문의 바디매오도 그러했습니다.

자동으로 완성되는 부르짖음은 없습니다. 상황과 여건이 되면 부르짖을 것 같지요? 또 다른 사람과 상황이 생김으로 여전히 부르짖지 못할 상황의 연속이 됩니다. 그러니 부르짖지 못하도록 하는 상황과 여건도 동시에 갖추어져 있다는 것을 알아야 합니다. 그리고 계속해서 사람과 상황과 환경을 뛰어넘어, "그러나"의 태도로 더욱 주님께 부르짖기를 바랍니다.

〈나눔 "그러나"(But)〉

❶ 내 삶에서 전개되는 "그러나의 역설과 신비"에는 무엇이 있습니까? 또는 내가 최악에서도 최상을 꿈꾸는 것들에 대해 나누어 봅시다.

❷ 사람들이 나에게 하는 불신앙의 말들이 있음에도 불구하고, "그러나" 내가 선택한 믿음의 길-성경적 가치관의 길-은 무엇입니까?

❸ 사람들이 공동체(교회)에 하는 불신앙의 말들이 있음에도 불구하고, "그러나" 내가 선택한 공동체를 향한 믿음의 길-성경적 가치관의 길-은 무엇입니까?

❹ 먼저 그 나라와 그 의를 구하느라 내가 손해 보고 불이익을 당한 것이 있습니까? "그럼에도 불구하고" 주께서 주시는 은혜는 무엇이 있었습니까?

〈나눔: 한 번의 외침으로는 부족하다〉

❶ 내가 지속적으로 간구하는 기도제목은 무엇입니까?

❷ 지속적으로 부르짖는 기도 가운데 내가 얻는 영적 유익은 무엇이며, 하나님과의 관계에서 영적 성장을 이루고 있는 것은 무엇입니까?

❸ 자신의 영적 경험을 통한 기도에 대한 정의를 내려봅시다.
기도란,_____

Chapter 5 "그러자 예수께서 머물러 서서"

(그러자) 예수께서 머물러 서서 그를 부르라 하시니 그들이 그 맹인을 부르며 이르되 안심하고 일어나라 그가 너를 부르신다 하매 (막 10:49)

지난 내용 체크

❶ 그리스도인의 신앙 이력서에 반드시 있어야 할 단어는 "그러나"(But)입니다.
✓ 고난과 역경을 신앙으로 이기게 하는 역설적 신비입니다.
  그래서 그리스도인은 최악에서도 최상을 꿈꾸는 이들입니다.
✓ '가장 아름다운 그러나(But)'는 "그러나 하나님이"입니다.
  죄인인 우리를 그의 긍휼하심으로 구원하신 역설적 은혜입니다.

❷ "(계속하여) 소리 질러"는 미완료 동사로 지속적 외침을 나타냅니다.
✓ 주님에 대한 믿음과 확신이 있으면 인내하며 외칠 수 있습니다.
✓ 기도는 자동으로 이루어지지 않습니다. 의지적으로 시간을 내야 합니다.

'그러자'(And)

바디매오가 "다윗의 자손이여"라고 더욱 크게 소리 질러 주님을 부릅니다. 바디매오의 믿는 바에 대한 신앙고백을 들은 예수님이 가던 걸음 멈추시고 "그를 부르라" 하십니다. "예수께서 머물러 서서 그를 부르라 하시니 그들이 그 맹인을 부르며 이르되 안심하고 일어나라 그가 너를 부르신다 하매". 원문엔 49절 맨 앞에 헬라어 "카이"($και$)가 있어 "그리고"로 시작합니다. 영어 성경(NASB)을 보면 "And"입니다. "And Jesus stopped and said, 'Call him here'" 여기서 "그리고"는 대등을 뜻하는 접속사 의미보다는, 내용을 연속해서 이어가고자 하는 '연속' 접속사로 보는 것이 좋습니다. 우리말로 표현하면 "그러자"라는 접속사와 가깝습니다. 즉 앞서 '원인'이 있었습니다. 그러자 '그 결과'로 또 다른 양태가 나왔다는 연결고리입니다. 즉 원인과 결과를 나타내는 '인과 과정'으로 볼 수 있겠지요.

따라서 원인은 48절입니다. 주위의 많은 사람이 바디매오를 계속해서 꾸짖었습니다. 그러나(But) 바디매오는 계속해서 자기의 믿는 바를 더욱 크게 소리 지른 것입니다. "그러자" 그 결과로, 49절에서 예수님이 그 부르짖음을 듣고 가던 걸음 멈추어 서서 바디매오를 부르십니다. 만일 앞선 원인(48절)이 없었다면 결코 연속되는 결과(49절)는 이어지지 않습니다.

순서가 중요합니다. 하나님에 대한 신뢰(믿음)가 상황의 개선이라는 결과보다 앞서야 합니다. 바디매오가 먼저 눈을 떴기에 그 은혜에 감사하여 믿음으로 외친 것이 아닙니다. 즉 고침을 받은 후에야 "당신은 다윗의 자손 예수입니다"라고 외치지 않았습니다. 바디매오는 "다윗의 자손 예수"라는 '신뢰(믿음)'와 외침(신앙고백)이 먼저 있었고, 그 결과로 눈이 떠진 것입니다.

거래 관계가 아닌 신뢰 관계

그런데 많은 이들은 바디매오와는 반대로 "내가 고침을 받아야(내가 눈을 떠야), 주님을 주님으로 믿겠다"라고 말합니다. 결과를 보고 원인을 믿겠다는 것인데, 사업상 '물건을 주면, 돈을 줄게', '돈을 주면, 물건을 줄게!'와 같습니다. "내 소원과 기도에 응답하면 하나님으로 믿을게"라고 한다면, 이는 신앙을 도구 삼은 하나님과 거래, 즉 '종교 거래'와 다를 바 없습니다. 종교 거래는 그리스도인이 아니라도 누구든지 말하고 행할 수 있습니다. 여기에는 하나님과 어떠한 인격적 관계가 필요 없습니다. 심지어 그 신의 이름을 몰라도 됩니다. 왜요? 복만 베풀어 주면 되니깐요! 마트에서 물건 살 때 사장님의 이름을 물어보는 사람은 없습니다. 두둑한 복채를 주고 나의 원함을 들어주기만 하면 되는 무당의 굿과 다를 바 없습니다. 무당을 찾는 사람은 무당이 모시는 귀신과는 인격적 교제를 하지 않습니다.

그러나 주님은 당신의 자녀들과 '거래'를 원하는 것이 아니라, '신뢰(믿음)'를 원하십니다. 우리는 하나님의 자녀이지, 고객이나 종업원이 아닌 까닭입니다. 따라서 하나님 아버지에 대한 신뢰(믿음)라는 원인이 먼저 있고서야, 회복이라는 그 결과를 주십니다. 이것이 '순서'입니다. 다른 표현으로 하면, "먼저 하나님과 나와의 수직적인 관계가 바르게 정립되어야, 수평적인 삶의 현장에서 참된 복을 누릴 수 있다"라는 것입니다. 이것을 '가정'으로 연결해보면, 하나님과 나와의 관계(믿음)가 바르게 정립되어야, 가정에 참된 평안이 임하게 됩니다. 참된 평안이 임하니, 상황이나 형편을 이기는 '참 힘'이 생기는 것입니다. 어디로부터요? 위로부터 주어진 힘입니다.

가정을 예로 들었지만, 이는 '교회'의 평안, '직장'의 평안도 동일합니다.

교회에 위로부터 -수직적으로- 부어지는 복음의 강력이 충만할 때, 수평적인 성도의 교제가 힘을 얻으며 한 성령의 공동체를 다양한 성도 가운데서 경험하게 됩니다. 그러나 복음이 없는 성도의 교제는 성도의 모임(교회)이 아니라, 결국 사람들의 모임일 뿐입니다. 처음에는 잘 되는 것 같다가도 결국 인간 본성이 가진 이기심 때문에, 시간이 지날수록 서로가 상처주며 갈라서는 것을 보게 됩니다. 우리가 복음으로 충만하지 않을 때 즉 위로부터 채워지는 은혜가 바닥났을 때 언제든지 이럴 수 있습니다.

상처입은 치유자

'신뢰(원인)→회복(결과)'라는 순서를 '상처'에 적용해 보겠습니다. 사실, 불완전한 수평 관계에서 현대인들이 가장 겁내는 것이 '상처'라고 봅니다. 툭하면 "상처받았다"라고 합니다. 그리고는 온갖 티를 다 냅니다. 가정에서도, 직장에서도, 심지어 교회에서도. 수직적 관계가 온전하면 불완전한 수평 관계에서 생겨나는 상처를 극복해 나갈 수 있습니다. 수직적 관계가 온전하면 상처받은 공동체를 떠나지 않고 오히려 이겨나갑니다. 상처받았어도 오히려 '복음 때문에 상처 입은 치유자'로 살아가는 것입니다. 왜요? 하나님과 나와의 수직적인 관계에서 복음의 능력이 역사하기 때문입니다.

상처 입은 치유자의 대표가 '예수님'이지요! 예수님은 우리의 죄로 인해 얼마나 많은 상처를 입으셨습니까? 하나님 아들을 예배하고 섬겨야 할 종교 지도자로부터 온갖 모함과 비난을 받았습니다. 심지어 가장 가까이에서 지낸 제자에 의해 버림과 배신을 당했습니다. 자신이 창조하고 사랑한 사람에 의해 죽임을 당했습니다. 그 마지막 결과는 십자가에서의 죽음이었습니다. 그런데 그 상처입은 예수님이 부활하시어 우리에게 영생을 주신 치유자가 되셨습니다. 어떻게 그럴 수 있었습니까? 예수님은 아버지 하나님과의 수직적 관계가 완전했기 때문입니다. 물론 성령 하나님과의 수직적 관계도 그러합니다. 그래서 주님은 이 땅의 사람들을 죽기까지 사랑하실 수 있었습니다. 그래서 우리도 예수님의 본을 따라 '또 한 명의 상처 입은 치유자'(작은 예수)로 살아갈 수 있는 것입니다. 왜요? 삼위 하나님이 은혜로 주신 복음이 우리를 먼저 붙들고 있기 때문입니다. 이 순서가 그리스도인의 신앙 여정에 있어서 보편적인 원리입니다.

하다 하다 안될 때

물론 아주 예외적인 경우가 있습니다. 예외적으로 하나님이 먼저 복을 주시고 나서, 하나님에 대한 올바른 믿음을 요구하시긴 합니다. 어떤 경우일까요? 하나님도 "하다 하다 안될 때"입니다.

> 하나님도 불가능한 것이 있습니다. 하나님은 자신의 본성적 성품에 반하여 행동하지 않으십니다. 이를 자유의지에 적용하면, 하나님은 우리를 사랑한 나머지 강제로 인간의 자유의지를 꺾지 않으십니다. 왜냐하면 인간이 누리는 자유의지는 하나님께서 사람에게 주신 본질적 사랑이자 선물입니다. 즉 하나님은 인간에게 불순종할 자유를 주시면서까지 사랑을 표현하셨습니다. 하나님은 완전한 사랑이시기 때문입니다. 따라서 하나님은 하나님이 아닌 것으로 행하지 않으십니다. 예를 들어 하나님은 진실하신 분이시기에 사람으로 하여금 강제로 거짓말을 시키시는 분이 아닙니다. 하나님은 거룩하신 분이시기에 사람으로 하여금 강제로 거룩함을 훼손하는 죄를 짓게 하지 않으십니다. 단지 사람이 하나님이 주신 자유의지로 거짓말하고 죄를 지을 뿐입니다.

순서가 뒤바뀐, 즉 "하다 하다 안될 때"라는 예외적 경우를 살펴보겠습니다. 즉 하나님에 대한 신뢰없이 예외적으로 복을 먼저 받은 경우를 말합니다. 그 과정과 결말을 잘 보시기 바랍니다.

북이스라엘 시대에 그들은 금송아지 신상과 바알을 그들의 신으로 즉 우상을 섬겼습니다. 사실 자신들에게 세속의 복을 주기만 하면 상관없으니 복을 준다는 모든 신을 우상으로 섬겼습니다.

i 이는 '신뢰(믿음), 그러자 회복'이라는 순서에 어긋났습니다. 하나님에 대한 원인이 없었습니다. 그러니 하나님과 상관된 결과도 없었습니다. 하나님에 대한 원인이 없는 결과 즉 하나님과의 바른 믿음의 관계인 수직적 관계가 없는 결과, 그들이 겪는 현실의 삶이 궁핍했습니다. 비참했습니다. 영적으로 병들었습니다. 하나님만이 줄 수 있는 참 평안이 그들에게는 없었습니다. 위로부터 부어지는 새 힘이 없으니 환경을 이길 힘도 없었습니다. 이는 신명기에서 하나님이 하신 말씀 그대로 된 것입니다. (신 28장 "순종과 불순종에 따른 복과 저주" 참조)

ii 신앙인이라면 이때쯤 영적 감각이 발동하여 '다시 하나님께로', '다시 말씀으로' 돌이킬 만도 합니다. 그럼에도 그들은 돌이키지 않습니다.

iii 그래서 하나님이 하다 하다 안되니 복을 그들에게 주십니다. "그들의 힘과 노력으로는 결코 얻을 수 없는 복을 받게 된다면, 그때서야 하나님의 은혜를 깨닫고 돌이킬까?"해서이지요! 물론 선지자 요나의 기도가 있었습니다. 우리가 알고 있는 물고기 뱃속에 있었던 그 요나입니다. 요나 선지자는 너무나 비참한 북이스라엘을 위해 기도합니다. 돌이키게 해 달라고! 이에 하나님은 선지자 요나의 기도에 응답하시고 선지자 요나를 통하여 북이스라엘의 회복에 대한 말씀을 주셨습니다. 그리하여 여로보암 2세 때 마침내 응답이 성취되었습니다. "이스라엘의 하나님 여호와께서 그의 종 가드헤벨 아밋대의 아들 선지자 요나를 통하여 하신 말씀과 같이 여로보암이 이스라엘 영토를 회복하되 하맛 어귀에서부터 아라바 바다까지 하였으니"(왕하 14:25). 솔로몬 왕이 최전성기 때 가졌던 땅을 여로보암 2세 때 회복하였고 나라도 부강해졌습니다.

ⅳ 그런데 북이스라엘은 하나님으로부터 그저 복을 받았음에도 하나님께로 돌이키지 않았고 끝내 돌이키기를 거부했습니다. 그들이 누렸던 복은 선자자 요나를 통해 하나님이 주신 것이라고 선포되었고 그들에게 알려졌지만 그들은 그 사실을 거부하고 오히려 자신들이 노력과 힘으로 얻은 것으로 생각하고 스스로를 속였습니다. 알면서도 스스로 속는 것에는 답이 없습니다. 그래서 그들은 더욱 악하게 부패했던 것입니다. 이후 하나님은 아모스를 비롯한 선지자를 보냈지만, 그들은 끝까지 회개하지 않았고 결국 북이스라엘은 남유다보다 약 140년이나 일찍 멸망하고 말았습니다.

그리하면 더하신다

'신뢰(원인)→회복(결과)'라는 원리를 예외적으로 그 순서를 바꾼 결말은 어떠했습니까? 하나님에 대한 신뢰없이 복을 받은 이들이 하나님을 알고 하나님께 돌이켰습니까? 그렇지 않았습니다. "복 주면 믿겠다!", "눈 뜨면 믿겠다!" 이런 일은 거의 일어나지 않는다는 것을 성경이 증언하고 있습니다. 그토록 어렵다는 것이지요! 물론 하나님으로서는 가능하겠지만요 (마 19:26). 그러나 역사가 증언하듯, 낙타가 바늘귀를 통과하는 것처럼 믿음이 없이 자기 원함을 가진 자들이 돌이키기 어렵다는 사례입니다.

"내가 원하는 결과와 복이 주어지면 내가 믿고 돌이키겠다고요?" 오늘날로 적용하면, "대학에 합격하면 신앙생활 하겠다고요?", "취업하면 예배

생활도 하고 헌금 생활도 하겠다고요?", "병에서 치유되면, 말씀도 보고 봉사도 하겠다고요?", "내가 원하는 것을 성취하게 되면, 주를 위해 살겠다고요?". 그냥 웃지요! 만에 하나라도 어려울 것입니다. 왜요? 원하는 것을 이루면 또다시 원하는 것이 생길 겁니다. 원하는 것을 줘도 북이스라엘처럼 끝내 돌이키지 않을 것입니다. 하나님에 대해서 원인 없는 결과 즉 하나님 없는 복은 그 자체로 복이 아닙니다. 그것 때문에 더욱 하나님을 떠나게 된다면, 그것이야말로 저주가 아니겠습니까? 그래서 예수님은 산상수훈에서 "보물"에 대해 말씀하시면서, 정말 보물을 원한다면 "오직 너희를 위하여 보물을 하늘에 쌓아 두라"(마 6:20)라고 말씀하셨습니다. 그리고 보물과 관련한 결론으로 '하나님과의 수직적 관계가 먼저'라는 순서를 말씀하십니다. "그런즉 너희는 먼저 그의 나라와 그의 의를 구하라 그리하면 이 모든 것을 너희에게 더하시리라"(마 6:33). 여기서 "그리하면"은 오늘 본문에 나타난 헬라어 '카이'입니다. 즉 원인과 결과이지요! 먼저 그의 나라와 그의 의를 구하는 것이 원인입니다. "그러자"($\kappa\alpha i$) 그 결과로 하나님이 이 모든 것을 더하여 주십니다.

감사와 찬양의 원인인 하나님

많은 그리스도인이 "하나님이 내게 베풀어 주신 그러면서도 눈에 보이는 복이 있을 때, 그 복으로 감사할 내용이 있다"라고 생각합니다. 반대로 "눈에 보이고 손에 잡히는 복이 없으면, 하나님에 대한 감사의 제목이 없다"라고 말합니다. 이는 "결과를 보여 주면, 하나님에 대한 믿음을 고백하겠다"라는 것과 같습니다. 과연 결과가 눈에 보이고 손에 잡히면, 믿음이 생기고 믿음의 성숙을 이룰 것 같습니까? 이미 그 결론을 북이스라엘을 통하여 살폈습니다.

그럼 무엇입니까? 순서를 다시 정상으로 돌이켜야 합니다. 어떻게요? 하나님과 나와의 올바른 수직적 관계 - 복음으로 충만한 관계 - 가 먼저입니다. 아버지 하나님에 대한 바른 신앙고백이 먼저입니다. 그러면(카이, καί)가 작동합니다. 그리고는 하나님이 수평적 관계에 평안을 더하여 주십니다.

진짜 그리스도인은 '여호와 하나님으로 인하여 감사하는 사람'입니다. 현세에서 복이라고 말하는 뭔가를 얻어 감사하는 것이 아니라, 현세라는 복이 없어도 삼위 하나님께 감사와 찬양을 올려드립니다. 즉 여호와가 나의 하나님이라는 사실과 예수님이 나의 구원자라는 사실과 성령 하나님이 나의 인도자라는 사실로 인해 기뻐하는 것입니다.

하박국이 그러했습니다. "비록 무화과나무가 무성하지 못하며 포도나무에 열매가 없으며 감람나무에 소출이 없으며 밭에 먹을 것이 없으며 우리에 양이 없으며 외양간에 소가 없을지라도 나는 여호와로 말미암아 즐거워하며 나의 구원의 하나님으로 말미암아 기뻐하리로다 주 여호와는 나의 힘이시라 나의 발을 사슴과 같게 하사 나를 나의 높은 곳으로 다니게 하시리로다 이 노래는 지휘하는 사람을 위하여 내 수금에 맞춘 것이니라"(합 3:17-19). 상황이 변한 것은 하나도 없습니다. 하나님께 완악했던 북이스라엘은 하나님께로 돌이키지 않을 것입니다. 결국 북이스라엘은 망할 것입니다. 하박국의 현실에서는 눈에 보이는 현세의 복이 하나도 없습니다. 그런데 하박국은 하나님이라는 원인 자체로 인해 즐거워합니다. 그리고 다시 찬양합니다. "주 여호와는 나의 힘이시라" 아멘.

결과보다 원인이 앞서야

다시 바디매오로 돌아와서 적용하겠습니다. 바디매오에게 "나사렛 예수"라는 소식이 들렸습니다. 복음이지요! 얼마나 기뻤겠습니까? 우리가 예배 중에 하나님의 말씀을 들으면 참으로 위로가 되지 않습니까? 그러나 그 복음의 소식이 바디매오의 상황과 환경을 당장에 변화로 이끈 것 아닙니다. 바디매오는 여전히 맹인이며 거지입니다. 중요한 것은 '여전히 변하지 않는 상황일지라도' 바디매오는 믿음으로 주님께 외쳤습니다. 이것이 '원인'이었습니다. 즉 믿음의 고백이 먼저 있었다는 것이지요! 그러자 주께서 그 결과로 반응해 주셨습니다.

그리스도인이라면 주께서 내 삶을 만져주시고 간섭해 주시기를 원합니다. 주님의 뜻대로 인도되는 선함을 보고 싶어 합니다. 이는 결과지요. 결과를 보기 위해서는, 결과 전에 결과를 이어줄 원인이 있어야 합니다. 반드시 있어야 할 원인은 믿는 바에 따른 자신의 신앙고백입니다.

그렇다면 "정작 우리는 구원을 선물로 주신 주님께 부르짖는 본질적 원인이 있는가?"라고 자신을 살펴보아야 합니다.

- 자신의 아들을 주시기까지 우리를 사랑하신 성부 하나님께,
- 자신의 생명을 주시기까지 우리를 사랑하신 예수님께,
- 우리의 반항에도 끝까지 기다리시고 인내하시는 성령 하나님께,

즉 삼위 하나님을 내 신앙의 원인으로 삼고 있습니까? 그 원인이 있어야 결과가 있을 것입니다. 더 이상 결과가 있어야 믿음을 얘기하는 어리석음을 멈추고, 결과가 보이지 않아도 삼위 하나님에 대한 믿음과 신뢰에 감사하는 그리스도인이 되시기를 바랍니다.

누군가 말하기를 "주님은 다 아신다면서요? 그런데 굳이 말해야 합니까" 이는 자신이 기도하지 않고 부르짖지도 않는 것에 대한 핑계이고 자기 게

으름일 뿐입니다. 더 정직하게 말하면 신앙하는 대상에 대한 믿음이 없기에 부르짖지 않는 것입니다. "다 아신다면서요?"라는 이 말에, 이번에도 그냥 웃지요!

〈나눔: 순서가 중요합니다〉

❶ (가정에서, 직장에서, 교회에서) 내가 받은 상처가 있습니까?
❷ 그 상처를 어떻게 극복하셨습니까? 특히 하나님(복음)과의 관계에서 해결되고 치유되고 회복된 예는 어떤 것이었습니까?
❸ 복음으로 회복된 과정에서 내가 누렸던 영적 유익이 무엇이었습니까?
❹ 그래서 그 유익은 지금 어떻게 사용되고 있습니까? "상처 입은 치유자"로 쓰임받고 있습니까?
❺ '복음(믿음), 그러자 회복'이 왜 중요한지 나눌 수 있겠습니까?

〈나눔: 감사와 찬양의 원인인 삼위 하나님〉

❶ 성부 하나님께 감사하는 본질적 원인은 무엇입니까?
❷ 성자 예수님께 감사하는 본질적 원인은 무엇입니까?
❸ 성령 하나님께 감사하는 본질적 원인은 무엇입니까?
❹ 삼위 하나님에 대한 본질적 감사를 함으로써 누리는 나의 영적 유익은 무엇인지 나누어 봅시다.

Chapter 6 "겉옷을 내버리고"

예수께서 머물러 서서 그를 부르라 하시니 그들이 그 맹인을 부르며 이르되 안심하고 일어나라 그가 너를 부르신다 하매 맹인이 **겉옷을 내버리고** 뛰어 일어나 예수께 나아오거늘 (막 10:49-50)

중간 체크입니다.

❶ 바디매오를 살린 것은 주의 말씀입니다. 맹인이자 거지인 바디매오는 "나사렛 예수"시란 말을 들었습니다. "나사렛 예수"는 그에게 복음이었습니다. 왜냐하면 성경이 예언한 그 메시아, 그리스도이기 때문입니다. 그래서 그는 "다윗의 자손 예수여, 나를 불쌍히 여기소서"라고 외칩니다. 이 외침은 성경에 근거한 정확한 고백입니다. 그가 말씀을 몰랐거나 말씀에 대한 신뢰가 없었던들 외치지 못했겠지요! 결정적인 순간에 우리를 살리는 것은 주의 말씀임을 잊지 마십시오. 그리스도인이 가지는 소망의 근거가 말씀임을 마음에 새기기 바랍니다. "이 말씀은 나의 고난 중의 위로라 주의 말씀이 나를 살리셨기 때문이니이다"(시 119:50). 무엇보다도 말씀에 근거하여 믿음생활, 신앙생활을 하십시오.

그러나 안타깝게도 올바른 말씀을 모른 채 열심인 '자칭 그리스도인들'이 많습니다. 이러한 분석은 2천 년 전 바울이 유대인들을 향한 평가에서도 나타납니다. "내가 증언하노니 그들이 하나님께 열심이 있으나 올바른 지식을 따른 것이 아니니라"(롬 10:2). 이런 현상은 오늘날의 교회에서도 별반 다르지 않습니다. 그렇기에 들은 대로, 본 대로 신앙생활 하는 것은 위험합니다. 목사의 목회도 마찬가지입니다. 목사가 말씀에 근거해서 목회하지 않고 들은 대로, 본대로 목회하면, 그래서 말씀에서 벗어난 목회임을 자각하지도 못하고 당연하게 여긴다면, 위험 수위를 넘은 목회일 것입니다. 성도의 신앙생활도, 목사의 목회도 말씀에 근거할 때만 성령의 인도하심을 받습니다. 그러니 그리스도인은 항상 말씀을 나침반으로 삼아 생각하고 판단해야만 합니다.

❷ 믿음 있는 자만이 계속하여 외칠 수 있습니다. 바디매오가 외쳤지만, 주위의 많은 사람은 오히려 바디매오를 향해 "꾸짖어 잠잠하라"고 했습니다. 이때 바디매오의 반응이 무엇이었습니까? "그러나"(but)였습니다. "그러나 (계속해서) 더욱 크게 소리 질러". 바디매오는 어떻게 그럴 수 있었습니까? 예수 그리스도를 향한 진실한 믿음이었기 때문입니다. 그래서 믿음이 있는 자만이 계속해서 외칠 수 있습니다. 그리스도인은 믿음이 있기에 큰 절망 속에서도 최상을 꿈꿀 수 있습니다. 왜 기도하지 않습니까? 하나님에 대한 믿음이 없거나 신뢰가 약하기 때문입니다. 따라서 하나님에 대한 자신의 믿음은 기도로 증명되는 것입니다. 기도 생활을 하시는지요? 바쁘다는 이유 또는 시간이 없다는 이유로 기도할 수 없다면, 아마도 평생 기도 생활 없이 살 것입니다. 이런 면에서 믿음은 기도 시간을 의도적으로 내는 것입니다.

❸ 신앙은 거래 관계가 아닌 인격적인 신뢰 관계입니다. 바디매오의 계속된 외침이 있었습니다. 그다음은 "그러자"(and) 입니다. "그러자 예수님은 머물러 서서 바디매오를 부르셨습니다." 예수님이 바디매오의 기도와 신앙고백에 응답하신 것입니다. 여기서 순서가 중요합니다. 신앙고백(기

도)이라는 원인이 먼저 있고, 주님의 응답이라는 결과가 뒤따라옵니다. 바디매오가 눈을 뜨고 주님을 부른 것 아닙니다. 아직 눈을 뜨지 못했지만, 그는 주님을 주님이라고 불렀습니다. 결과가 있어야 믿는 것이 아니라, 그 결과를 아직 보지 못해도 하나님의 선하심을 신뢰하는 것이 믿음입니다. 그렇기에 "신앙이란 거래가 아니기에, 하나님에 대한 인격적인 신뢰가 우선합니다." 따라서 그리스도인은 결과를 보고서야 감사하는 것이 아니라, '하나님으로 인하여' 감사하는 것이지요! 이런 사람은 주위 환경으로부터 받는 수많은 상처에 매몰되지 않습니다. 환경의 파괴자가 아닌 '상처입은 치유자'의 삶을 살아가게 되는 것인데, 그 모델이 바로 예수 그리스도이십니다. 그래서 그리스도인은 주님의 본을 따라 이웃에게 '상처입은 치유자'로 살아가는 것입니다.

이번 장에서는 '겉옷을 내버린 바디매오'의 모습에 주목하고자 합니다. 이번 장의 메시지는 오늘날 교인들이 좋아하는 말씀이 아닙니다. 그러나 본문에 나타난 메시지이기에, 가감하지 않고 정직하게 전하겠습니다!

마지막이자 전부인 겉옷

바디매오의 계속된 외침에 예수 그리스도가 반응하셨습니다. "예수께서 머물러 서서 그를 부르라 하시니"(막 10:49). 그런데 바디매오의 반응이 특이합니다. "맹인이 겉옷을 내버리고 뛰어 일어나 예수께 나아오거늘"(막 10:50). 바디매오는 예수님이 부르실 때, 자신의 겉옷을 내버리고 뛰어 일어나서 예수님께로 나아갑니다.

여기서 겉옷은 잠옷 같은 의복 위에 입던 일종의 '코트'입니다. 코트라 하면 패션을 위한 옷으로 오해할 수 있으니, 쉽게 말해 '긴 망토'로 보시면 됩니다.

당시의 겉옷은,

ⅰ '입는 것'이 아니라, '덮는 옷'이었습니다. 속옷은 세마포로 만들지만, 겉옷은 주로 '양털'로 만들었습니다. 속옷이 아니기에 겉옷은 소매가 없거나 있어도 무척 짧습니다. 성경시대 대부분 사람은 겉옷이 한 벌이었습니다. 소위 '단벌 신사'라고 할까요. 겉옷의 기능은 덮는 것이기에 겉옷으로 더위를 피하거나 비를 피할 수 있었고, 추울 때는 추위를 면하는 용도였으며, 여행할 때 덮는 이불로도 사용할 수 있었습니다. 즉 당시의 겉옷은 생명 보호 기능을 했습니다.

ⅱ 무엇보다도 이 겉옷은 이스라엘 민족에게 있어 특별한 의미가 있습니다. 겉옷 자체가 특별히 비싼 옷감으로 만들어졌기 때문이 아니라, 겉옷의 네 귀퉁이에 '술'(tassel)이 달렸기 때문입니다. 이 술은 히브리어로 '치치트'(ציצת)라고 불리는데, '매듭 있는 기다란 실'로 보시면 됩니다. 이 술은 여호와께서 모세에게 명령하신 것이기에 중요합니다. "여호와께서 모세에게 말씀하여 이르시되 이스라엘 자손에게 명령하여 대대로 그들의 옷단 귀에 술을 만들고 청색 끈을 그 귀의 술에 더하라 이 술은 너희가 보고 여호와의 모든 계명을 기억하여 준행하고 너희를 방종하게 하는 자신의 마음과 눈의 욕심을 따라 음행하지 않게 하기 위함이라 그리하여 너희가 내 모든 계명을 기억하고 행하면 너희의 하나님 앞에 거룩하리라"(민 15:37-40). 즉 겉옷에 이 술이 있다는 것은 자신들이 하나님의 계명을 좇는 '하나님의 백성'임을 나타내는 정체성의 표식이었습니다. 오늘날로 따지면 '인감도장'과 같습니다. 그렇기에 이 술 달린 겉옷은 자신의 전부와도 같은 것이지요. 이와 같은 이유로 이 겉옷은 아무리 가난한 사람이라 할지라

도 저당 잡혀 돈을 빌릴 수 있는 '마지막 수단'이었습니다. 이토록 중요한 이유가 있기에, 율법은 "겉옷을 저당 잡았을 경우 반드시 해 지기 전에 돌려주라"고 명령합니다(출 22:26-27; 신 24:12-13). 왜냐하면 자칫 추위로 목숨을 잃을 수 있고 무엇보다도 정체성의 문제이기 때문이지요.

이러한 겉옷의 전통에 비추어 볼 때, 바디매오의 겉옷은 자신의 동냥을 위해 입고 있는 유일한 소유이자 가장 중요한 재산입니다. 그 겉옷은 바디매오에게 전부와도 같았습니다. 자신의 어려운 환경 속에서도 언약 백성으로서의 기쁨을 유지하는 기능을 했습니다. 그러니 이 겉옷은 바디매오에게 있어 유일한 위안이었습니다. 세상의 고통 가운데서도 그것만 있으면 그걸 입고 동냥할 수 있었고, 추우면 그것으로 추위를 면했으며, 더위와 비를 막아주었을 뿐만 아니라, 잠이 올 때는 그 겉옷을 깔고 잠을 청할 수 있었습니다. 최악에서도 소망을 꿈꿀 수 있는 '보이는 장치'였습니다. 바디매오는 그 겉옷을 위안삼아 주어진 환경에서 살아내었습니다. 오 헨리의 단편소설 「마지막 잎새」(The Last Leaf)에서 희망을 끝까지 이어가게 하는 '마지막 잎새'와 같은 존재였습니다.

율법이 정체성으로 명한 겉옷을 바디매오가 버렸다는 것은 "예수 그리스도를 통해 율법이 완성되었다"라는 행위적 표현입니다. 즉 또 다른 메시아나 구원자를 기다릴 필요가 없다는 것으로, "오직 예수 그리스도를 통해서만 구원을 얻는다"라는 바디매오의 신앙고백이었습니다. 동시에 구약에서부터 기다리던 실체가 오셨다는 선언입니다(히 9:24). 그림자나 모형이 아닌 진짜를 만났다는 것으로, 이는 새 포도주를 새 부대에 담아야 한다는 원리와 연결됩니다(막 2:22).

버리지 말아야 할 것을 버리다

주님께서 바디매오를 부르시자, 바디매오는 그 겉옷을 내버려 두고 그것도 뛰어 일어나서 주님께로 나아갔습니다. 바디매오는 세상의 눈으로 볼 때 절대 포기해서는 안 될 것을 버리고 주님께 뛰어갔습니다. 바디매오가 자신이 가진 마지막 수단이자 최후의 보루를 내버리는 모습은, 믿는 바에 대한 믿음과 그에 따른 확신이었습니다. 아직 결과가 일어나지 않았습니다. 그럼에도 예수님께 달려갑니다. 그리고 바디매오는 눈을 뜬-결과를 얻은-이후에도, 그동안 보지 못했던 세상의 온갖 아름다움을 좇은 것이 아닙니다. 가족에게로 달려간 것도 아닙니다. 52절 후반부에서 "그가 곧 보게 되어 예수를 길에서 따르니라"라고 증언하고 있습니다. 즉 바디매오가 가진 모든 신앙의 뿌리가 예수님임을 증언한 것입니다.

예수님의 부름에 겉옷을 내버린 바디매오의 반응이 말하는 것은, "그리스도인은 복이라는 결과 이전에 예수라는 '원인'을 추구하는 자"임을 보여 줍니다. 따라서 "제자도란, 세상의 복을 추구하는 도가 아니라, 하나님의 아들 예수 그리스도를 추구하고 따르는 도"입니다.

겉옷을 내버리고 주님을 좇은 바디매오의 모습은, '영향력 있는 관리이자 부자인 청년'의 모습과 대조됩니다(마 10:17-31).6) 이 부자 청년의 이야기는 마태, 마가, 누가 즉 공관 복음에서 병행 사건으로 소개되어 있습니다. 마치 "제자의 길을 내버린 모습은 이런 거다!"라는 것을 말하는 듯합니다. "예수께서 그를 보시고 사랑하사 이르시되 네게 아직도 한 가지 부족한 것이 있으니 가서 네게 있는 것을 다 팔아 가난한 자들에게 주라 그리하면 하늘에서 보화가 네게 있으리라 그리고 와서 나를 따르라 하시

---

6) 마가는 대조되는 두 사람의 이야기를 같은 마가복음 10장 소개합니다. 제자도를 선명하게 나타내고자 한 마가의 의도를 읽을 수 있습니다.

니 그 사람은 재물이 많은 고로 이 말씀으로 인하여 슬픈 기색을 띠고 근심하며 가니라"(막 10:20-21). 부자 청년은 예수님의 공생애 말년에 제자로 부름을 받을 정도로 경건의 모양과 인품이 좋았습니다. 다른 제자들은 초창기에 불러서 3년 동안 훈련을 받아야 할 정도였는데, 이 부자 청년은 주님의 공생애 말년에 불러도 손색이 없을 정도로 좋은 품성이 있었습니다. 소위 '제자로서의 자질'이 있었습니다. 그럼에도 그는 예수님의 부름에 재물을 버려두지 못했습니다. 예수님이 재물과의 분리를 명했을 때, 그는 슬픈 기색을 띠고 근심하며 갔습니다. 그는 재물과의 분리가 아닌 예수님과의 분리를 택했습니다. 이리하여 그는 주님의 제자가 되지 못했습니다. 세상의 시선에서는 부자 청년이 지혜로워 보이고, 바디매오가 어리석어 보이는 행동이겠지요! 그러나 결말은 달랐습니다. 부자 청년은 제자됨을 포기하고 주님을 떠났으나, 바디매오는 주님을 좇아 제자의 삶을 살았습니다.

신앙은 계산하는 것이 아니다

오늘을 살아가는 그리스도인들에게 있어서도 '위안이 되는 겉옷'이 있습니다. 비록 오늘 고통 가운데 있지만, 그 고통을 감내하고 견딜 수 있도록 그나마 위안을 주는 것들이 있을 수 있습니다. 바디매오의 겉옷 같은 것들입니다. 맹인이고 거지인데, 그나마 겉옷이 있어 다행인 것들입니다. 예를 들어, 속 썩이는 남편 대신 착하며 순종적인 자녀가 있다든지, 반대로 속 썩이는 자녀 대신 사랑하는 남편이 있다든지, 몸이 아파 병원비가 들어감에도 그나마 보험에 들었다든지, 영적으로 병들었는데 그나마 육신이 건강하거나 재정이 있다든지, 주된 기쁨은 아니지만 부차적 기쁨 즉 플랜 A

가 아니더라도 플랜 B라도 있는 위안을 말합니다.

그런데 주의할 것은, 이런 것들이 주님을 향한 간절함을 방해할 수 있습니다. 다른 사람이 보기에는 그 가치성이 떨어져도, 자기에게는 상당히 의미 있는 것이기 때문입니다. 그래서 그 의미나 실용성을 포기하기가 싫지 않습니다. 그것으로 다음 기회를 기약할 수 있다고 믿기 때문입니다.

그러나 바디매오에게는 '다음 계산'이 없습니다. 소위 '플랜 B'가 없습니다. 그냥 내버리고 주님께 갑니다. '여차하면' 다시 겉옷을 가지러 다시 오려고 한 것이 아닙니다. "내버리고"입니다.

"그리스도인으로 살겠다"라는 제자도를 결단했다면, 온전히 주님만 바라보고 주님만 좇기를 바랍니다. 예수 제자의 삶에 어울리지 않는 것들은 내버리십시오. 한쪽에서 여차하면 변경할 수 있는 '딴 주머니'를 챙기지 마십시오.

주님은 "가난한 심령으로 오직 주님만을 바라보는 자에게 복이 있다"라고 말씀하시면서, "그런 자에게 천국이 저희 것"이라고 말씀하셨습니다(마 5:3). 그러니 기도하면서도 "주님께 한 번 간구해 본다"라는 심정이 아니라, "주님이 아니면 안됩니다. 주님만이 나의 인도자이십니다"라는 유일하고도 마지막 수단처럼 고백하고 주님께 아뢰십시오. "하나님이 안 들어주면, 즉 '여차하면' 내가 생각한 바를 실행하리라"라는 '양다리 마음'은 결국 주님을 떠나게 만듭니다.

가룟 유다가 그러했습니다. 주님께서 "많은 고난을 받고 장로들과 대제사장들과 서기관들에게 버린 바 되어 죽임을 당하고 사흘 만에 살아나야 할 것"을 말씀하셨을 때(막 8:31), 가룟 유다는 가난한 심령으로 그 말씀 받기를 거절했습니다. 결국 가룟 유다는 여차했습니다. 그래서 자신이 계산한 대로 은 30(약 1,000만원)에 예수님을 팔았습니다(마 26:15). 저는 가룟 유다의 마음을 '양다리 마음', '여차하면 마음'이라고 부릅니다. 한 여성이 믿고 좋아하는 남성이 있었습니다. 그런데 알고 보니 자신이 많은 여성 중에 하나로 어장관리 되었다는 사실을 알았습니다. 그 여인의 기분이 어떻겠습니까? 그 남성을 믿고 사랑할 수 있겠습니까? '여차하면', 떠날 사람이라고 생각하지 않겠습니까? 그런 사람과 어떻게 인격적인 신뢰와 사랑이 견고해질 수 있겠습니까?

그러나 베드로는 달랐습니다. "주여 영생의 말씀이 주께 있사오니 우리가 누구에게로 가오리이까"(요 6:68). 베드로는 가룟 유다에 비해 계산에 능하지는 못했습니다. 그러나 그는 주님을 붙들었습니다.

결국 둘의 마지막도 달랐습니다. 가룟 유다는 제자에서 이탈하였고 그의 마지막 또한 비참했습니다. 영원토록 어두운 곳에서 그리고 불못에서 하나님 없이 지내야 합니다. 그러나 베드로는 제자에서 사도로 주님께서 세워주셨습니다. 영원토록 영화로운 곳에서 하나님과 더불어 지냅니다.

"신앙은 하나님을 계산하는 것이 아니라, 하나님을 붙드는 것"입니다. 진짜 예수 제자에게는 '여차하면'이 없습니다. 주께 받은 은혜로 인해 제자의 길을 결단한 이라면, 비록 찾는 이가 적고 좁은 길이라 할지라도 '그냥 그 길을 가는 것'이 예수 제자입니다. 물론 주님은 제자들을 향해 "계산하여 보라"(눅 14:28)고 하셨지만, 그 계산은 '제자가 되기 전'에 충분히 심사숙고하라는 말씀입니다.

다른 것들(these)보다 나를 더 사랑하느냐?

또한 바디매오가 겉옷을 내버린 것은, "옛 삶을 과감하게 벗어던지고 주님과의 만남 이후에 새로운 삶을 살겠다"라는 결단도 포함되어 있습니다. 즉 옛 삶을 청산하고 새 삶을 향한 결단입니다.

이는 예수님이 갈릴리 호숫가에서 베드로에게 세 번 질문한 것과 같습니다. "요한의 아들 시몬아 네가 다른 사람들보다 나를 더 사랑하느냐"(요 21:15). 여기서 "다른 사람"은 "다른 것들"(these)로도 해석이 됩니다. 이는 "요한에 아들 시몬아 네가 이 세상보다 나를 더 사랑하느냐"입니다. 이 세상을 사랑하는 것은 옛 사람의 속성입니다. 즉 예수님을 사랑하는 사람만이 세상의 것으로부터 자유할 수 있음을 말합니다.

오늘도 주님께서는 바디매오를 부르신 것처럼 우리 각자를 부르십니다.

"OOO야, 너의 마지막 보루보다 나를 더 사랑하느냐"

"네가 세상의 모든 것보다 나를 더 사랑하느냐?"

"네가 아끼는 것들을 버려두고 나를 따르는 제자가 될 테냐?"

지금 묻고 있다고 말씀드렸지만, 당장에 실패와 고난의 현장이 없는 사람은 안들릴 수도 있습니다. 그러나 기억하십시오. 인생의 어느 시점에서 주님은 반드시 이 질문을 하실 것입니다. 그때 정직하게 답하셔야 합니다.

"내가 사랑하는 것을 버려두고 좇을 것인지?"

"내가 진짜로 사랑하는 것이 무엇인지?"

"나의 신앙 대상은 주님인지, 세상인지?"

예수님의 경쟁자, 돈

많은 그리스도인이 구원받고 천국 가는 문제에 있어서, 즉 예수님을 하나님의 아들 구원자로 믿는 데는 큰 어려움이 없어 보입니다. 그런데 당장 눈앞에 닥친 생계 문제에 있어서는, 특히 돈과 재물 문제에 있어서 하나님을 신뢰하지 못하는 경우가 허다합니다.

"믿음으로 산다"라는 것이 도대체 무엇을 뜻합니까? 즉 "오직 의인은 믿음으로 산다는 말이 무엇인가?"입니다. 믿음은 구원받을 때만 필요한 것이 아닙니다. 믿음은 그리스도인이 이 땅의 현실을 살아가는 원리인 '제자도'인 것입니다. 그렇다면 우리가 염려하는 물질, 특히 돈의 문제에서도 믿음이라는 제자도가 요구됩니다.

물론 이것이 쉽지 않음을 인정합니다. 왜일까요? 돈은 당장에 눈에 보이는 확실한 안전장치입니다. 돈은 당장에 사용하여 효과를 볼 수 있는 힘을 가졌습니다. 당장에 나의 마음의 소원을 눈으로 볼 수 있는 것이지요! 그래서 누군가가 말하기를 "돈이면 다 된다"라고 하는데, 이것이 '돈이 가진 전능성'입니다. 그래서 눈에 보이지 않는 하나님보다 훨씬 믿음직해 보입니다. 돈이 현실 문제에 있어서는 믿을 만한 신처럼 보입니다. 왜냐하면 기도는 믿음을 가지고 기다려야 하는데, 돈은 믿음이 없더라도 문제 해결을 위해 즉각적으로 사용할 수 있기 때문입니다.

우리는 돈이 악도 아니요, 선도 아니요, 가치중립적인 도구라고 알고는 있지만, 실제로 삶의 현장에서는 신적 존재로 군림하고 있는 것을 목격합니다. 돈 때문에 가정이 파탄나고, 돈 때문에 가족 안에서도 의가 상하고, 돈 때문에 사람을 속이고, 심지어 생명을 해칩니다. 돈으로 사람을 지배하려고 합니다. 늘 돈 걱정을 합니다. 그 돈 걱정이 나의 일상을 지배하고 나의 일상의 방향을 잡아가지요.

그리스도인이라고 해서 반드시 돈에서 자유한 것은 아닙니다. 돈 때문에 교회를 옮기거나 돈 때문에 스스로 교회에 대해서 적당한 선을 긋습니다. 돈 때문에 신앙을 멈추곤 합니다. 훌륭한 목회자로 존경받다가도 말년에 돈 때문에 이전의 아름다웠던 목회가 추해지거나 거짓처럼 여겨지는 것을 보곤 합니다. 어떤 목사는 자신의 차량을 반드시 제네시스 또는 BMW로 정하고는 교회로부터 제공받는 경우도 보았습니다. 제정신일까요? 차라리 목사가 아닌 사업가가 되었으면 마음에 가책도 없었을텐데, 참으로 안타깝습니다.

 그렇기에 믿음으로 구원을 받았음에도, 막상 돈 문제에서 믿음으로 사는 모습이 갈립니다. 평소에는 모르다가도 결정적인 순간에 드러나기 마련입니다. 이는 돈 앞에서 신앙과 불신앙이 나뉘어진다는 것이지요.

 예수님도 돈의 위력을 인정하셨습니다. 예수님은 세상의 그 어떤 것도 하나님의 경쟁자로 여기지 않았습니다. 심지어 사람들이 섬기는 우상도 예수님의 경쟁자가 될 수 없었습니다. 사탄도 예수님의 경쟁자가 될 수 없었습니다. 그런데 예수님은 유독 한 가지를 하나님의 경쟁자로 여겼는데, 그것은 돈(재물)입니다. "한 사람이 두 주인을 섬기지 못할 것이니 혹 이를 미워하고 저를 사랑하거나 혹 이를 중히 여기고 저를 경히 여김이라 너희가 하나님과 재물을 겸하여 섬기지 못하느니라"(마 6:24).

 성경을 잘 보시면, 예수님을 그토록 죽이고자 힘썼던 종교 지도자들의 내면에는 돈에 대한 사랑이 있었습니다. 예수님은 그들에게 가장 약자인 과부의 가산을 삼킨다고 책망하셨습니다(눅 20:47). 그들이 하나님을 몰랐습니까? "내 집은 만민이 기도하는 집이라"(사 56:7)는 성경 말씀을 몰랐습니까? "하나님은 약자인 고아와 과부와 나그네의 하나님"(신 10:18)인 것을 몰랐습니까? 알지요! 그러나 알면서도 의도적으로 거부했습니다. 왜요? 현실에서 누리는 부의 위력에 중독되었기 때문입니다. 예수님이 성전청결사건을 단행하자, 성전 종교 지도자들은 수많은 재정적 손실을 입었습니다. 유월절 명절 특수가 다 사라진 것이지요! 게다가 예수님 때문에 로마가 유대 땅을 다시 침략하게 되면, 그들은 모든 권력과 명예를 잃습니다. 즉 돈을 모을 수 있는 권력과 명예를 잃는 것이 두려웠던 것입니다. 그래서 그들은 예수님을 죽여야만 했습니다.

 세상에서도 권력자들이 말하곤 하지 않습니까? "이 권력의 힘이야 길어야 5년이지만, 돈의 힘은 영원하다"라고 말입니다. 그래서 힘을 가졌을 때 비자금으로 부정축재를 하려고 하는 것이지요. 이처럼 자본이 지배하는 세상에서는 돈이 무소불위의 힘을 가지고 있습니다. 그래서 돈을 '맘몬'이라는 신이라고 부릅니다. 그래서 신학자인 스탠리 하우어워스는 자조적 표현을 했지요! "돈보다 더 '영적인' 것은 없다"라고.7) 이는 돈 앞에서 자기 신앙이 갈린다는 의미입니다. 돈에 헌신할 것인지? 하나님께 헌신할 것인지?

보물에 마음이 담긴다

예수님께서 말씀하셨습니다. 귀담아 들어야 할 것입니다. "네 보물 있는 그곳에는 네 마음도 있느니라"(마 6:21). 바디매오에게 있어서 보물은 겉옷이 아니었습니다. 바로 주님이었습니다. 그래서 자신의 유일하고도 최후의 재물이었던 겉옷을 내버릴 수 있었습니다.

히브리서 기자를 통한 권면과 격려를 기억하십시오. "돈을 사랑하지 말고 있는 바를 족한 줄로 알라 그가 친히 말씀하시기를 내가 결코 너희를 버리지 아니하고 너희를 떠나지 아니하리라 하셨느니라"(히 13:5). 그리스도인은 내 손에 거머쥔 돈과 힘에 의지하여 사는 자가 아니라, 오직 주님의 말씀과 은혜로 말미암아 살아가는 자입니다.

질문을 드립니다.
그리스도인이라 불리는 자신은 어떻습니까?
예수님과 돈, 어느 것에 더 마음이 가십니까?
예수님과 권력, 어느 것에 더 힘을 두십니까?

---

7) 스탠리 하우어워스·윌리엄 윌리몬, 「주여, 기도를 가르쳐 주소서」, 126.

예수님과 명예, 어느 것에 더 중요성을 두십니까?
예수님과 성공, 어느 것이 진짜 성공이라고 여기십니까?
예수님과 취미, 어느 것에서 더 즐거움을 누리십니까?
예수님과 생명, 어느 것에 더 가치를 두십니까?
나의 보물은 무엇입니까?

주님이 다음과 같이 물으신다면 어떻게 하시겠습니까?
돈을 버려두고 나를 따르라!
그 자리에서 내려와서 낮은 자로 나를 따르라!
바보라는 소리를 들을지라도 나를 따르라!
너의 생명을 취할 것이니, 나를 따르라!

성경에서 주께서 "나를 따르라"라고 한 사람들의 마지막을 보십시오. 주님은 그들에게 이 땅에서의 돈과 부를 약속하지 않으셨습니다. 그러나 "하늘에서 보화가 있으리라"(막 19:21)라고 약속하셨습니다. 그리스도인이라 불리는 나는 어떻게 대답하시겠습니까? 정직한 답변이야말로 나의 신앙의 증표가 될 것입니다.

당신은 '진짜 그리스도인'이십니까?

〈나눔: 겉옷〉

❶ 나에게 바디매오와 같은 겉옷은 무엇입니까? 누군가에는 자녀, 재물, 건강, 명예, 심지어 교회의 오랜 생활일 수 있습니다.

❷ 나의 겉옷이 신앙생활에서 방해가 된 적이 있습니까? 어떻게 극복했습니까? 나누어 봅시다.

❸ 나의 겉옷이 바울의 로마 시민권처럼 신앙생활에서 유익하게 활용된 적이 있습니까? 지금은 어떠합니까?

〈나눔: 내버리고〉

❶ 신앙생활 가운데서 "여차하면"이라는 불신앙의 여지를 둔 적은 없습니까? 그 결과와 깨달은 교훈은 무엇입니까?

〈나눔: 예수님의 경쟁자, 돈〉

❶ "네 보물 있는 그곳에는 네 마음도 있느니라"(마 6:21). 지금 내가 마음을 쏟고 있는 영역은 무엇입니까? 만일 정성을 쏟은 영역을 주님께서 포기하라고 하신다면, 나는 어떤 선택을 할 것입니까? 이유는 무엇입니까? 정직하게 살핍시다.

❷ 물질을 포기하지 못할 수도 있습니다. 염려할 수 있습니다. 자신의 연약함을 주님께 아룁시다. 주님의 마음을 수용할 수 있는 용기와 은혜를 부어 달라고 기도합시다.

Chapter 7 "네게 무엇을 하여 주기를 원하느냐"

예수께서 말씀하여 이르시되 **네게 무엇을 하여 주기를 원하느냐** 맹인이 이르되 선생님이여 보기를 원하나이다 (막 10:51)

지난 내용 체크

❶ 바디매오의 술 달린 겉옷
✓ 어려운 환경에서도 언약 백성으로서의 기쁨을 유지하는 기능을 했습니다. 바디매오의 유일한 소유이자 전부와도 같았습니다.
❷ '내버리고'
✓ 신앙의 사전에 없는 단어는 '여차하면', '플랜 B', '딴 주머니'입니다. "신앙이란 하나님을 계산하는 것이 아니라, 하나님을 붙드는 것입니다."
❸ 예수님의 경쟁자, 돈
✓ 돈이 가지는 신적 능력 때문에, 돈과 물질에서 신앙과 불신앙으로 갈라집니다. 사단은 끝까지 이 돈을 놓지 않을 것입니다. 주님의 권면에 귀를 기울이십시오. "네 보물 있는 그곳에는 네 마음도 있느니라"(마 6:21).

테스트

본 장의 메시지 이해를 돕고자, 먼저 시험(Test)에 대한 개관을 표로 보겠습니다.

	테스트(Test, 시험)	
종류	트레이닝 (Training, 훈련, 연습)	템테이션 (Temptation, 유혹)
주체	하나님	사단
결과	믿음 확인, 영적 성장과 유익을 누림. →신앙과 믿음의 디딤돌	넘어짐, 죄를 지음, 영적 파괴. →신앙과 믿음의 걸림돌
예	하나님이 선악과를 두심, 예수님이 제자들에게 하는 질문들, 12제자가 바다에서 만난 풍랑	사단이 아담을 시험함, 사단이 광야에서 예수님을 시험함
구분 방법	사람의 입장에서는 시험의 주체(하나님인지, 사단인지)가 명확하게 구분이 어렵다. 혼합된 모양으로 오기 때문이다. 한 사건에 두 주체가 개입하는 것이다. 　예를 들어 i 하나님이 선악과로 아담에게 훈련했으나, 사단의 유혹에 넘어졌다. ii 예수님의 공생에 첫 시작 때 광야로 인도하신 분은 성령님이시나, 이후 광야에서는 사단에게 시험을 받았다. iii 예수님이 제자들에게 "너희는 나를 누구라 하느냐"에 대한 훈련에서 베드로는 승리했지만 즉 온전한 신앙고백인 "주는 그리스도시요 살아계신 하나님의 아들이니이다"라고 했지만, 예수님의 수난고지에서 베드로는 "결코 그럴 수 없나이다"라고 함으로써 사단의 유혹에 넘어졌고 책망받았다. 　그러나 시험을 당하는 객체인 사람은 시험의 종류를 구분할 수 있다. 왜냐하면 자신은 안다. 자기 욕심에 의해 넘어지는지, 욕심이 아닌 이유 없이 당하는 시험인지 말이다. 홀린 것처럼 모르다가도 정신을 차리면 분별이 된다. 따라서 홀려서 분별이 어렵기 전에 분별하는 지혜를 구해야 한다. 매일 시험에 들지 않기를 구하고 악에서 구해 주시기를 기도해야 한다.	

믿음 테스트

예수님이 먼저 바디매오에게 질문하십니다. "예수께서 말씀하여 이르시되 네게 무엇을 하여 주기를 원하느냐 맹인이 이르되 선생님이여 보기를 원하나이다"(막 10:51).

생각해 볼 것은, 과연 예수님이 바디매오의 원함을 몰라서 "네게 무엇을 하여 주기를 원하느냐"라고 물었겠습니까? 예수님은 당연히 아십니다. 그렇다면 이 질문은 바디매오의 원함이라는 정보를 얻고자 함이 아닙니다. 무엇이겠습니까? 시험의 관점에서 볼 때, 바디매오의 진실한 믿음에 마침표를 찍고자 한 주님의 마지막 테스트로 볼 수 있습니다. i 첫 번째 테스트는 주위 사람들의 계속된 꾸지람이었습니다. 바디매오는 "그러나" 계속해서 외쳤습니다. ii 두 번째 테스트는 바디매오가 가진 겉옷-재물-이었습니다. 바디매오는 그 겉옷을 내버렸습니다. iii 세 번째 테스트는 "바디매오가 진짜로 원한 것은 무엇인가?"입니다. 우리는 그 결과를 이미 알고 있습니다.

"예수님은 바디매오의 진실한 믿음을 아시면서도, 왜 재차 확인 테스트를 하시는가?"하고 질문할 수 있습니다. 즉 "왜 또 시험하시는가?"이지요. 바디매오의 입으로 나오는 신앙고백을 다시 재차 확인하신 것입니다. 재차 확인함으로써 바디매오의 믿음과 구원에 대한 확신을 강하게 하기 위함입니다.

복음서를 보면, 예수님께서는 기적과 회복이라는 은혜를 주시기 전에, 예수님이 먼저 질문을 하시는 모습을 발견할 수 있습니다. 그 이유는 질문과 대화를 통해, i 예수 그리스도에 대한 분명한 인식과 지식을 주고, ii 그 인식과 지식에 근거하여 용기를 주어 신앙고백을 하게 하고, iii 이후 흔들리지 않는 믿음을 위해서입니다.

비유하자면, 선생님이 낸 시험 질문에 어떤 학생이 답을 합니다. 그때 선생님이 재차 질문을 합니다. "그 답에 100% 확신하니?" 그때 그 학생은 머뭇거립니다. 선생님이 다시 한번 더 묻습니다. "그 답이 정말 맞다고 확신하니?" 그러면 대답한 그 학생은 갈등합니다. 만일 그 확신이 맞다는 것이 최종 확인된다면, 그 학생은 그 시험 문제에 관해서는 절대 틀리는 일이 없을 것입니다. 예수님이 베드로에게 "네가 다른 사람들보다 나를 사랑하느냐?"라고 3번이나 재차 물었을 때, 베드로는 "근심"했었지요. 우리가 알다시피 이후 베드로는 주님을 부인하는 일이 결단코 없었습니다.

바디매오도 같은 원리입니다. 시험의 주체가 예수님이니, 그 시험은 바디매오에게 하신 테스트(훈련, 트레이닝)입니다. 영적 성장을 위한 훈련의 과정으로 믿음의 확인과 견고함을 위함입니다. "내가 믿고 고백한 분이 당신 맞습니다. 저는 당신이 길이요 진리이고 메시아임을 다시 한번 확고하게 고백합니다" 입니다. 바디매오는 최종 테스트를 통과하였고, 그 길로 주님의 제자가 되었습니다. "사람이 마음으로 믿어 의에 이르고 입으로 시인하여 구원에 이르느니라"(롬 10:10).

이러한 훈련 테스트는 "열두 해를 혈루병으로 앓은 여인"에게도 나타났습니다(막 5:25-34). 여인이 예수님에 대한 능력을 믿고 믿음으로 예수님의 옷에 손을 대었지요! 그와 동시에 혈루의 근원이 마르며 고침을 받았습니다. 예수님이 "누가 내 옷에 손을 대었느냐?"라고 물었습니다. 몰라서 물었을까요? 그렇지 않습니다. 예수님이 질문을 주셨으니 훈련이지요! 이 여인은 그 테스트를 통과함으로 어떤 유익을 누렸습니까? 첫째, 주님은 여인의 불완전한 믿음을 교정해 주심으로 그녀의 믿음을 온전케 하셨습니다. 믿음의 대상이 옷이 아니라 바로 예수님이어야 한다는 것입니다. 둘째, 주님은 여인에게 믿음의 대상을 확증해 주시고 여인의 믿음을 견고케 하셨습니다. "네 믿음이 너를 구원하였으니" 이는 바디매오에게 했던 것과 동일한 말로 "네가 믿고 찾아온 그분은 구원을 베풀 수 있는 메시아 맞다!"라는 확증입니다. 셋째, 여인을 "딸"이라고 부르면서 하나님의 자녀가 된 것임을 확증해 주셨습니다. 예수님과의 관계가 예수 가족으로 새롭게 정립된 것입니다.

성도의 교제로 믿음을 훈련하라

믿음 훈련은 성도의 교제에서 가능합니다. ⅰ 성도의 교제를 통해 자신의 믿는 바를 확인함으로 믿음이 성장하게 됩니다. ⅱ 게다가 자신과 유사한 경험을 가진 이로부터 영적 도전과 격려를 받습니다. (나만 겪는 어려움이 아니구나!) ⅲ 동시에 결코 혼자서만 신앙 생활하는 것이 아니라, 믿음의 동료가 있다는 사실에서 위로를 받습니다. ⅳ 나아가 자신의 영적 경험으로 다른 지체를 격려할 수 있는 복의 통로가 됨으로써, 자신의 영적 깊이를 더 할 수 있습니다.

어떻게 해서 성도의 교제에 이러한 일들이 일어날 수 있을까요? 주의 이름으로 모인 자들에게는 "위로자인 보혜사 성령 하나님"이 함께하시기 때문입니다. 그러니 그리스도인이라면, 예배 외에도 교회의 크고 작은 모임에 참여하여야 합니다. 성도의 교제는 그리스도인이 누릴 수 있는 크나큰 축복임을 기억하십시오. 전도자의 교훈을 기억하십시오. "또 두 사람이 함께 누우면 따뜻하거니와 한 사람이면 어찌 따뜻하랴 한 사람이면 패하겠거니와 두 사람이면 맞설 수 있나니 세 겹 줄은 쉽게 끊어지지 아니하느니라(전 4:11-12).

"랍오니여"(ῥαββονί)

"네게 무엇을 하여 주기를 원하느냐"라는 예수님의 질문에 바디매오가 답합니다. "선생님이여 보기를 원하나이다" 먼저 "선생님이여"라는 호칭에 대한 정확한 이해가 있어야, 바디매오의 대답을 더 정확하게 이해할 수 있습니다.

바디매오는 "선생이여"라고 하지 않고, "선생'님'이여"라고 호칭했습니다. 여기서 "선생님이여"는 헬라어로 "랍오니"(ῥαββονί)인데, 아람어에서 유래한 것으로 이는 '나의 주인'을 뜻합니다. 개역개정 성경에는 "선생님이여" 앞에 각주가 없는데, 새번역 성경에는 친절하게 각주를 달아 "아람어, 라부니"라고 해설을 달아 놓았습니다.

헬라어 "랍오니"는 최상의 존칭어로 부르는 호칭입니다. 아람어 '주인'의 개념과 연결되기에, '왕'에 대한 절대적 신뢰를 바탕으로 하는 호칭입니다. 따라서 바디매오가 호칭한 "선생님이여"는 신앙고백의 대상인 예수님에 대한 최상의 존경을 표현한 것입니다.

이 "랍오니" 단어를 사용한 용례는 신약 성경에서 단 2번입니다. 바디매오와 막달라 마리아가 그러했습니다. 막달라 마리아가 부활하신 예수님에게 한 호칭이 "랍오니"입니다. "예수께서 마리아야 하시거늘 마리아가 돌이켜 히브리 말로 랍오니 하니 (이는 선생님이라는 말이라)"(요 20:16). 한글은 번역할 특별한 단어들이 없어서 일괄해서 '선생님'으로 번역해 놓았습니다만,

i 헬라어 원어로 보면 조금 더 정확한 이해를 할 수 있습니다. ⓐ "랍오니"(ῥαββονί)는 "랍비"(ῥαββί)보다 존칭입니다. 랍비는 일반적인 존칭어입니다. 가룟 유다가 예수님을 향해 "랍비여"(선생이여)라고 했고, 바리새인들이 예수님을 향해 "랍비여"라고 했습니다. 물론 다른 제자들도 예수

님을 랍비로 호칭했습니다. ⓑ "랍오니"는 한글 성경에서 "선생님이여"라고 호칭하는 "디다스칼로스"($διδάσκαλος$)보다 존칭어입니다(마 12:38, 막 10:35, 눅 20:21). 디다스칼로스는 '교사'를 뜻합니다. 세리들이 세례 요한에게 호칭했던 단어이기도 합니다. ii 우리말로 구분해 보겠습니다. "아빠"(엄마)에 대한 존칭어가 "아버지"(어머니)인 것과 비슷합니다. iii 영어로 보면 구별이 더 쉽습니다. 랍비 또는 디다스칼로는 "Teacher"입니다. 그러나 랍오니는 영어로 보면 "Master"입니다. 일종의 '주군'으로 '주여'와 비슷하다고 보면 됩니다.

결론적으로, "랍비" 또는 "디다스칼로스"(Teacher, 선생, 교사)는 자신의 지식을 학생들에게 가르치는 개념입니다. 그리고 그 가르침을 들은 학생들은 그 가르침을 수용할 것인가를 자신의 지식에 근거해서 자기 스스로 판단합니다. 만일 그 가르침에 동의하지 않으면 다른 랍비를 찾으면 됩니다.

그러나 이에 반해, "랍오니"(Master 마스터)는 가르치는 자의 모든 지식과 더불어 전인격을 존중하고 수용하는 것을 전제합니다. 그래서 "랍오니"라고 고백하는 이는 다른 랍비를 찾지 않습니다. 그 랍오니를 향해 자신의 삶과 생명을 바칩니다. "Master"는 "Teacher"를 넘어서는 단계입니다.

그렇다면 바디매오가 호칭한 랍오니 "선생님이여"는 주님의 모든 메시지와 삶을 따르겠다는 바디매오의 신앙고백이 녹아 있는 것입니다. 즉 "당신은 성경이 가리키고 있는 하나님의 아들 메시아(그리스도)이고, 바로 그 구원자입니다! 당신과 당신의 말씀이 아니고서는 나는 아무것도 아닙니다. 당신과 당신의 말씀이 아니고서는 저는 갈 곳이 없습니다. 그래서 저는 선생님의 모든 처분을 기꺼이 받아들이겠습니다"라는 신앙고백입니다.

나는 주님을 어떻게 부르고 있는지요? 예수님을 "주님"이라고 부르고 호칭하긴 하는데 여차하면 다른 주님을 찾을 "랍비"인지, 아니면 주님 말고는 내 존재의 의미가 설명되지 않는 "랍오니"인지를 점검하셔야 합니다. 성도가 주님을 부르는 것은, 주님을 '부리기'(부려 먹기) 위함이 아니라 그 주님의 음성을 듣고 따르고 순종하기 위함입니다. 그래서 "주님"이라는 호칭에는 대단한 결단과 용기가 녹아 있습니다.

랍비, 디다스칼로스	랍오니
Teacher	Master
중심: 선생이 제자를 가르침	중심: 학생이 가르침을 전부 수용함
여러 명의 랍비가 있을 수 있음 자신이 선택 가능	1명의 랍오니만 있음 선택의 여지 없음

호칭에 담긴 비밀

여기서 우리는 잠시 호흡을 가다듬어 멈추고서는 자신이 주님을 부르는 호칭에 대해 정직한 대면을 해야 합니다. 우리가 습관적으로 말하는 "주여"에 대해 다시금 생각해 보자는 것이지요. 내가 부르는 주님의 호칭에 나의 진실한 신앙고백이 담겼는지를 말입니다.

ⅰ 주님을 주님으로 부르는 진실한 호칭은 다음에 이어질 자신의 행동에 영향을 끼치기 때문입니다. 주님을 진실한 주인으로 부르는 자가 주님의 뜻에 불순종하며 거짓과 악을 일삼을 리 없습니다. 역으로 주님을 거짓되게 부르는 자가 주님의 뜻에 순종하여 정직할 리 없기 때문입니다.

ii 주님을 주님으로 여기지 않으면서 주님을 부른다는 것은, 하나님의 이름을 망령되게 부르는 제3계명 위반이 됩니다. 그러니 주님을 부르는 호칭이 얼마나 신중해야만 하는가를 일깨워줍니다. iii 게다가 하나님을 부르기는 하나 그 호칭에 합당한 의미가 없는 부름에 대해서, 예수님은 이를 중언부언으로 규정하셨고 그런 부름을 금지하셨습니다(마 6:7). 이런 부름에 대해서는 주께서 응답하시지 않겠다는 것이지요. "우리가 주님의 이름을 지속적으로 부름에도, 왜 주님의 응답이 없는가?"에 대한 생각할 거리가 되기를 바랍니다.

비범함이 아닌 평범함이다

"네게 무엇을 하여 주기를 원하느냐"라는 예수님의 질문에 바디매오의 답변은 "보기를 원하나이다" 입니다. "보기를 원하나이다"라는 말은, "내 앞에 있는 당신이 다윗의 자손으로 성경이 예언한 바로 그 메시아-그리스도-임을 믿습니다. 바로 당신이 그리스도이자 하나님이십니다"라는 신앙고백입니다. 왜요? 성경에는 하나님의 아들 그리스도만이 맹인을 눈뜨게 한다고 기록되어 있기 때문입니다(사 35:5). 바디매오는 성경을 진실하게 믿었고, 그 믿음대로 고백한 것입니다.

특히 믿음의 고백 이면에 있는 그 고백의 '평범성'에 집중하고자 합니다. 예수님의 질문에 바디매오는 지극히 '정상적인 건강만을 구했다'라는 사실입니다. 특별한 사정이 없고서야 보지 못하는 분이 없을 겁니다. 만일 주님께서 우리 중 누군가에게 "네게 무엇을 하여 주기를 원하느냐?"라고 물으신다면, "주여 보기를 원하나이다"라고 말할 사람은 거의 없을 겁니다. 왜요? 대부분 시력을 가지고 있기 때문이지요! 그렇다면 바디매오가 구한 것은, 여태 보지 못한 더 큰 보상을 구한 것이 아니라 원래 있어야 할 것을 구한 것입니다. "여태 보지 못한 것에 대한 보상을 소급하여 달라"는 것도 아닙니다. "내가 당신에게 진짜 믿음을 보였으니, 그 보상으로 많은 것을 주십시오!"도 아닙니다. '지금부터' 눈을 뜨는 회복을 원한 것입니다. 슈퍼맨과 같은 대박을 원하는 것이 아니라 평범한 일상을 원했습니다. 만일 더 큰 보상을 원했다면, 바디매오의 외침과 믿음은 자기 공로가 됩니다. 그렇게 되면, 바디매오는 결코 주님의 은혜로 사는 삶을 살지 못했을 것입니다.

바디매오는 단지 보기를 원했습니다. 바디매오는 보게 되는 그때부터 대부분의 사람이 살아가는 평범한 일상을 시작하는 것입니다! 이것이 바디매오의 원함이었습니다. 바디매오는 눈을 뜬 이후에 있을 평범한 삶을 구한 것입니다. 매일 일용할 양식을 하나님께 구하고, 매일 하나님의 양식(죄사함)을 예수님께 구하고, 매일 시험에 들지 않기를 성령님께 구하는 삶 즉 삼위 하나님의 은혜를 구하는 매일의 삶을 갈망한 것입니다. 왜요? 그것이 주님과 더불어 믿음으로 사는 은혜인 것을 알았기 때문입니다. 만일 더 많은 것을 원하고 가졌다면, 그 가진 것을 지키느라 은혜를 잊고 살 것입니다. 그러나 그것은 바디매오의 원함이 아니었습니다. 그렇기에 바디매오는 회복 후 그동안 누리지 못한 보상적 삶을 찾아간 것이 아니라, 예수님을 따르는 예수님의 제자가 된 것입니다.

그리스도인의 능력은 평범한 일상을 믿음으로 살아갈 때 나타나는 것이지, 결코 비범한 능력을 발휘하는 것에서 나타나는 것이 아닙니다. 매일 평범한 일상을 사는 성도는 하나님의 은혜로 살아갑니다. 즉 하나님의 능력으로 사는 것입니다. 그러나 비범한 능력자는 그 능력으로 살기에 하나님의 은혜와 무관할 가능성이 큽니다. 즉 자기 능력으로 사는 것이지요.

삼손을 보십시오. 그가 가진 능력으로 살 때는 하나님의 은혜와 거리가 멸었습니다. 자신이 원하는 삶을 살다가 결국 비참하게 생을 끝냈습니다. 세례 요한을 보십시오. 그는 성경이 예언한 선지자임에도 불구하고 그 흔한 기적 하나 없었습니다. 그런데 그는 매일 그리스도를 증언하는 삶을 살았습니다. 주님도 칭찬하셨습니다. "여자가 낳은 자 중에 제일 큰 자"(눅 7:28)로 말입니다.

그리스도인에게 있어 능력이란, 큰일을 해서 능력이 아니라 주어진 매일의 일상에서 오직 주님을 주님으로 고백하고 온전히 따르고자 하는 애씀 그 자체가 능력입니다. 온전히 따를 능력조차 위로부터 주어지는 것이기에 은혜입니다. 즉 그리스도인은 은혜로 사는 것이고, 그 은혜의 삶 자체가 진짜 그리스도인의 능력입니다.

따라서 진짜 그리스도인의 능력이란, "은혜로 평범한 일상을 살아간다"라고 고백하는 것으로 나타납니다. 그리스도인의 능력이란, "주님을 향한 믿음으로 매일의 삶을 살아가는 것"으로 증명됩니다. 따라서 평범한 일상을 매일 믿음으로 살아가는 그리스도인이라면 그가 은혜받은 자요, 믿는 자요, 능력자입니다. 위로부터 부어지는 은혜와 능력이 아니고서는 결코 이루어질 수 없기 때문입니다.

세속의 영광을 구하는 제자들

바디매오의 대답은 본문 직전에 나오는 제자들의 구함과 극명하게 대조를 이룹니다. "세베대의 아들 야고보와 요한이 주께 나아와 여짜오되 선생님이여 무엇이든지 우리가 구하는 바를 우리에게 하여 주시기를 원하옵나이다 이르시되 너희에게 무엇을 하여 주기를 원하느냐 여짜오되 주의 영광중에서 우리를 하나는 주의 우편에, 하나는 좌편에 앉게 하여 주옵소서"(막 10:35-37).

　야고보와 요한이 주님께 "선생님이여"라고 호칭하고 있지만, 헬라어 원문상 바디매오가 호칭한 "랍오니"(주군, master)가 아닙니다. "디다스칼로스"($διδάσκαλος$)로 교사(teacher)를 뜻합니다. 그들의 마음에서 시작된 호칭이 이처럼 다르니, 그들의 입에서 나오는 내용도 달라짐을 추측할 수 있습니다.

　주님이 물으십니다. "무엇을 하여 주기를 원하느냐". 바디매오에게 한 질문과는 철자 하나 틀리지 않고 동일합니다. 바디매오는 혼자이기에 "네게"라고 물었고, 제자들은 복수이기에 "너희에게"라고 물었을 뿐입니다. 제자들의 대답은 정상적인 것보다 돋보이는 것을 원했습니다. "하나는 주의 우편에, 하나는 좌편에 앉게 하여 주옵소서". 영적인 돋보임이 아닙니다. 엘리사처럼 소명을 위해 영감의 갑절을 구한 것이 아닙니다. 그들은 세상에서의 권력과 영화와 높은 위치를 구했습니다. 정직하게 말해, 야고보와 요한이 예수님의 제자가 된 궁극적 목적은 영적인 것이 아니라, 그들의 안위였습니다. 예수 믿었으니 대박을 구한 것인데, 이는 믿음이 은혜가 아닌 공로가 되어버릴 위험성이 있습니다. 물론 아직 하나님 나라에 대한 이해가 부족해서 그렇습니다만, 제자들은 영적인 것도 구하고 그와 더불어 세속적 영광을 구한 것입니다. 영적인 것이 전혀 없었다고 볼 수는 없겠지요. 그러나 그 결론은 은혜로 살다가 결정적인 순간에 자기 공로로 변질된 것입니다.

　의문이 들지 않습니까? '참으로 이상하다...' 제자들은 2년~3년 8개월 정도 예수님과 함께했고 예수님으로부터 삶을 배웠고 가르침을 받았습니다. 세베대의 아들 야고보와 요한이라면 초창기 멤버로서 3년 이상 함께한 오랜 제자들입니다. 3년 가까운 훈련을 받았어도! 예수님의 삶을 직접 현장에서 보았음에도! 예수님으로부터 직접 가르침을 받았어도! 그럼에도 이들이 구한 것은 예수님의 원함과는 무관했습니다.

　이런 제자의 모습이 오늘을 살아가는 성도의 모습이 아니라고 할 수 없습니다. 신앙의 연수가 오래라고 말하면서도, 매 주일 예배를 드렸어도, 시간을 내어 양육과 훈련을 받았어도, 신앙의 모델이 되는 분과 교제했었어도, 조건과 상황만 맞으면 결정적 순간에 세상의 것을 탐하는 모습은 너무도 비슷합니다.

　이런 제자들의 대답을 볼 때, 평범한 일상을 구한 바디매오의 대답이 얼마나 큰 믿음과 고백인지를 알 수 있습니다. i 바디매오가 자신의 유일한 위안이었던 겉옷을 내버린 것 ii 최상의 존칭어 '랍오니'라고 호칭하며 정상적인 건강을 구한 것 iii 그리고 바로 주님을 따른 것은, 주님이 제자들과 사람들에게 교훈하고 싶은 참된 제자도의 모습이었던 것입니다. 그래서 주님은 가던 걸음을 멈추셨습니다. 또한 하나님은 마가를 통해 바디매오 이야기를 기록하게 하셨습니다.

　나아가 매주마다 드려지는 평범한 예배일지라도 그 예배는 아무나 드릴 수 없는 예배임을 기억하십시오. 위로부터 부어지는 은혜와 능력이 아니고서는 즉 하나님에 대한 믿음이 없고서는 결코 예배드릴 수 없기 때문입니다. 그렇기에 매주 드려지는 언약 갱신의 자리에 참여하는 것이야말로 그리스도인의 능력이 증명된 자리가 됩니다.

그리스도인은 '대박'이 없다

　바디매오는 아주 오랜 기간 평생을 거지이자 맹인으로 살았습니다. 주께서 "네게 무엇을 하여 주기를 원하느냐?"라는 질문에 더 큰 보상을 요구하고 싶을 수도 있었겠지만, 그는 단지 "선생님이여(랍오니), 보기를 원하나이다"라고 답했습니다. 주님과 더불어 사는 그리고 주님의 은혜로 사는 '평범한 일상'을 구한 것입니다.

  그리스도인의 삶에 대해 어떤 정의를 내리면 좋을까요? "그리스도인이라면, 예수 믿어 복 받아 높은 곳에 올라가야 하는 삶"을 생각하십니까? 그래서 "세상에서 볼만하다고 여겨지는 삶"이어야 한다고 생각하십니까? 만일 그렇지 않다면 어떻게 하시렵니까? "그리스도인이란, 자신에게 주어진 삶의 일상이 은혜이고, 그 일상도 주님의 은혜로 살아간다는 것을 믿는 자들"입니다. 그리고 그 은혜와 믿음의 삶을 매일 살아내는 자들입니다. 운명론자가 아닙니다. 주신 은혜를 누리는 자들입니다.

  예수님이 우리에게도 인생의 어떤 시기에 동일하게 질문하실 것입니다. "네게 무엇을 하여 주기를 원하느냐?" 우리는 어떤 대답을 할 것인지요? "하나는 청와대에, 하나는 삼성에 앉게 하여 주옵소서." "하나는 돈방석에, 하나는 권력의 자리에 앉게 하여 주옵소서." 아니면, "내 목자되는 주님을 보기 원하나이다!"라고 구할 것인지요?

  진짜 그리스도인이라면, 예수 제자로 사는 데 필요한 것을 구해야 합니다. "예수 믿고 대박을 치십시오!"라고 하면 "아멘"하는 분들이 상당히 있을 것입니다. 그러나 성경은 "믿음의 대박"을 결코 말하고 있지 않습니다. 대박이 있다면, 하나님과 원수 된 우리가 은혜로 예수님을 믿는 것이 대박입니다. 은혜로 사는 것이 그리스도인의 능력입니다. 먼지와 티끌에 불과했던 우리가 하나님의 자녀, 신의 자녀가 되었으니 말입니다.

  오늘날 교회는 어떤 대답을 해야 할까요? 폭발적인 수적 성장입니까? 매끄럽고 맵시있는 교회의 운영입니까? 누가 봐도 입이 벌어질 프로그램입니까? 물론 필요하지요. 그러나 그것 이전에 필요한 정상적인 필요는 무엇일까요? 그것은 참 말씀이 흥왕하는 교회, 그 말씀을 믿고 기도하며 매일을 살아가는 교회를 구해야 할 것입니다.

이 장을 통해 "내가 구해야 할 것은 무엇이며?", "오늘날 교회가 구해야 할 것은 무엇인지?"에 대한 답을 재차 확인하는 은혜가 있기를 바랍니다.

⟨나눔: 테스트(Test, 시험)⟩

❶ 나에게 주시는 하나님의 영적 훈련에는 무엇이 있었습니까? 그리고 훈련 중에 사단의 유혹이라 생각되는 것이 있었습니까? 어떻게 대처했는지 나누어 봅시다.

❷ 훈련을 잘 감당함으로 누린 영적 유익에는 어떤 것이 있었습니까? 나누어 봅시다.

⟨나눔: "네게 무엇을 하여 주기를 원하느냐"⟩

❶ 예수님이 인생의 어떠한 시기에 당신에게도, 당신의 구역모임에도, 교회에도 동일하게 질문을 할 것입니다. "네게 무엇을 하여 주기를 원하느냐" 나는 나를 위해, 구역을 위해, 교회를 위해 무엇을 구하겠습니까?

❷ 주님께서 주신 능력이라고 고백하는 일상의 은혜에는 무엇이 있습니까? 왜 그것이 나에게 은혜인지 나누어 봅시다.

Chapter 8 "네 믿음이 너를 구원하였느니라"

예수께서 이르시되 가라 **네 믿음이 너를 구원하였느니라** 하시니 그가 곧 보게 되어 예수를 길에서 따르니라(막 10:52)

지난 내용 체크

❶ "네게 무엇을 하여 주기를 원하느냐"라며 주님은 바디매오의 믿음을 재차 테스트하십니다.
✓자신의 믿는 바를 고백하고 나누는 것, 믿음 훈련은 자신의 영적 성장에서 유익합니다. 특히 성도의 교제에서 큰 유익을 누릴 수 있습니다.
❷ "선생님이여"에서 선생인 헬라어 '랍오니'($ραββονί$)는 최상의 존칭어입니다.
✓주님의 모든 메시지와 주님이 보여주신 삶을 기꺼이 따르겠다는 바디매오의 신앙고백이 담긴 호칭입니다.
❸ "(단지) 보기를 원하나이다" 라는 바디매오의 대답은 단순했습니다.
✓여태 보지 못한 것에 대한 더 큰 보상을 구한 것이 아니라, 원래 있어야 할 것 즉 '정상적인 건강'-평범한 일상-을 구한 것입니다.
✓그리스도인에게서 능력은 초인적인 삶(어벤져스)으로 나타나는 것이 아닙니다. 주님을 향한 믿음으로 매일의 삶을 사는 것이 그리스도인의 능력입니다.

예수님이 인정한 '믿음 4인방'

바디매오의 간구에 대해 예수님은 그의 믿음에 대한 평가로 대답하십니다. "예수께서 이르시되 가라 네 믿음이 너를 구원하였느니라"(막 10:52). 주님께서는 바디매오와 이 본문을 읽는 독자들에게 명백하게 밝히고 있습니다. "바디매오야, 네가 나를 향한 믿음 즉 네가 가진 믿음이 너를 구원하였느니라"

결국 "구원이란, 주님을 향한 '믿음'의 문제"입니다. 그래서 그리스도인은 오직 믿음으로 살아가는 자들입니다. ⅰ 예수 그리스도를 믿음으로 구원이 시작되고(칭의), ⅱ 삶의 여정에서 그 믿음으로 구원의 풍성함을 누리고(성화), ⅲ 마침내 예수 그리스도가 계신 곳으로 돌아갑니다(영화).

예수님이 상대방의 믿음을 진단하시고는 "(예수님을 향한) 네 믿음이 너를 구원하였다"라고 분명하게 말씀하신 사람은 성경 전체에서 전부 4명입니다. ⅰ 열두 해를 혈루병으로 앓은 여인(마 9:22; 막 5:34; 눅 8:48). ⅱ 맹인이자 거지인 바디매오(막 10:52; 눅 18:42). ⅲ 나병환자 열 명 중 고침을 받고 예수님께 돌아온 사마리아인(눅 17:19). ⅳ 시몬이라는 바리새인 집에서 예수님의 발을 눈물로 적시고 자기 머리털로 닦고 그 발에 입맞추고 "향유옥합을 부은 죄 많은 여인"(눅 7:50).

본 장에서 이 4명을 개관하고 믿음과 은혜로 얻는 구원을 살펴보겠습니다. 교리적 부분을 담고 있기에 딱딱하지만 잘 씹어 소화할 수 있기를 바랍니다.

이들 4명의 공통점은 당시 사회와 공동체로부터 배척을 받았던 사람들입니다. 죄인으로 취급되어 예배의 현장에 참석할 수도 없었습니다. 그런 까닭에 대부분의 사람들이 "저런 사람들에게는 구원이 없을 것이다"라고 여겼습니다. 그런데 역설적이게도 예수님은 이들에게 구원을 선포하셨습니다. 저는 최고의 반전이라고 생각합니다. 사람의 시선과 주님의 시선이 같지 않음을 알 수 있습니다. 사람은 끊임없이 눈에 보이는 것으로 판단하나, 우리 주님은 그 마음의 중심을 판단하시기 때문입니다. 중심을 보시는 하나님이 믿는 자들에 대한 위로이자 소망이 되는 이유입니다.

첫 번째, 예수님의 옷자락을 만진 여인을 보십시오. 무엇보다도 하혈하였기에 율법에서 규정한 부정한 여인이었습니다. 그 부정한 여인으로 지낸 세월이 열두 해였습니다. 그 사회와 공동체 내에서 함께 거할 수 없는 여인이요, 가족들조차도 함께 할 수 없었던 여인이었지요! 그런데 주님은 그녀가 가진 믿음에 대해 말씀하셨습니다. "예수께서 이르시되 딸아 네 믿음이 너를 구원하였으니 평안히 가라 네 병에서 놓여 건강할지어다"(막 5:34). 주변에 수많은 사람이 예수님을 기다렸고 따랐다고는 하나, 그 누구 하나 믿음에 대한 주님의 칭찬을 듣지 못했습니다.

두 번째, 맹인이자 거지 바디매오를 보십시오. 장애는 죄에 대한 하나님의 징벌로 여겨졌기에, 장애를 지니고 사는 동안 계속해서 죄 가운데 있는 부정한 사람이었습니다. 게다가 거지입니다. 당시 거짓된 신학은 가난을 하나님의 형벌로 여겼기에, 바디매오는 하나님의 은혜와는 거리가 한참이나 먼 사람이었습니다. 그런데 주님은 바디매오가 가진 믿음에 대해 말씀하셨습니다. "가라 네 믿음이 너를 구원하였느니라" 주변에 예루살렘까지 동행하는 수많은 무리가 있었다고는 하나, 그 누구 하나 믿음에 대한 주님의 칭찬을 듣지 못했습니다.

세 번째, 열 명의 나병환자 중 고침을 받고 돌아와 예수님을 경배한 사마리아인을 보십시오. 사마리아인은 유대인의 시선으로 볼 때 사람이 아니었습니다. 나병에서 고침을 받았어도 여전히 사람이 아닙니다. 이방인처럼 개와 돼지로 여겼습니다. 유대인들은 사마리아인과 함께 있는 것을 모욕으로 느꼈고, 사마리아 땅을 지날 때는 발의 먼지를 털 정도였습니다. 그런데 예수님은 그에게 구원에 이르는 믿음이 있다고 선언하셨습니다. "그에게 이르시되 일어나 가라 네 믿음이 너를 구원하였느니라 하시더라"(눅 17:19). 열 명 중에서 아홉 명의 유대인들은 고침을 받고서도 예수님께 돌아와 경배하지 않았습니다. 아홉 명은 육체의 고침을 받았을지라도 영혼의 구원을 얻지 못했습니다. 그런데 주님은 아무도 눈여겨보지도 않고 관심도 없었던 사마리아인의 믿음을 인정해 주셨습니다.

네 번째, 예수님의 발에 향유 옥합을 부은 여인을 보십시오. 누구나 그녀가 부정한 죄인인 것을 알았다는 사실은, 그녀에게 심각한 도덕적 일탈이나 계명 위반이 있었음을 짐작할 수 있습니다. 그런데 주님은 그녀에게 구원받을 만한 믿음이 있다고 말씀하셨습니다. "예수께서 여자에게 이르시되 네 믿음이 너를 구원하였으니 평안히 가라 하시니라"(눅 7:50). 예수님을 초청한 사람은 율법을 아는 바리새인 '시몬'이었습니다. 그 자리에는 함께한 그의 친구 바리새인들도 있었습니다. 바리새인들의 금식기도와 율법 준수는 참으로 대단합니다. 그러나 주님은 그들의 믿음에 관해 어떠한 말도 없었습니다. 그런데 부정한 여인이요 율법으로는 죄인이었던 여인의 믿음을 인정해 주셨습니다.

오직 믿음과 그 내용

구원은 "오직 믿음으로" 얻습니다. 그렇다면 믿음의 내용은 무엇입니까? 믿음의 내용은 크게 두 가지입니다. 첫째, 대상에 대한 믿음(그가 누구인가?)입니다. 둘째, 그 대상이 한 일에 대한 믿음(그가 무슨 일을 했는가?)입니다. 그리스도인들이 고백하는 사도신경은 믿음의 내용을 모두 담고 있습니다. 즉 사도신경은 '하나님은 누구신가'와 '그 하나님이 어떤 일을 하셨는가'에 대한 고백으로 구성되어 있습니다.

첫째, '대상에 대한 믿음'입니다. 이들 4명이 가진 예수님에 대한 믿음은 다음과 같습니다. "예수님은 하나님의 아들 즉 하나님이요, 성경이 말하는 그 메시아(그리스도)다. 그러니 더 이상 다른 분을 기다릴 필요가 없다"라는 믿음입니다. 대상에 대한 확고한 믿음이 있기에, '믿음에 합당한 행동'으로 이어졌습니다. 이 원리가 중요합니다. 혈루병을 앓은 여인은 부정한 여인으로 사람이 모인 곳에 가서는 안됩니다. 그럼에도 그녀는 생명을 걸고서 예수님의 옷자락에 손을 대었습니다. 바디매오는 주위 많은 사람이 잠잠하라고 꾸짖었습니다. 그럼에도 더욱 큰 소리로 계속해서 주님의 이름을 불렀습니다. 사마리아 나병환자는 고침을 받은 후 다른 9명처럼 제 갈 길을 가도 됩니다. 그럼에도 그는 기어이 다시 돌아와 예수님께 경배했습니다. 죄많은 여인은 종교 지도자들의 눈총과 거부 및 비난을 받았습니다. 그럼에도 향유옥합을 깨뜨리고 눈물로 예수님의 발을 닦았습니다.

어떻게 해서 이런 일들이 일어날 수 있습니까? 믿는 대상에 대한 흔들림 없는 믿음이 있었기 때문입니다. "대상에 대한 믿음이 행동을 낳은 것"입니다. 따라서 우리는 예수님에 대한 진실한 믿음이 있는지, 진실한 믿음에 대한 신앙 행위가 있는지를 정직하게 살펴야 할 것입니다.

둘째, 믿음의 대상이 '행한 일에 대한 믿음'입니다. 이들 4명은 i 예수님이 하나님의 아들로서 가르치고 전파한 내용을 진리로 믿었습니다. ii 하나님의 아들만이 할 수 있는 기적과 치유와 회복을 믿었습니다. iii 무엇보다도 오직 하나님만이 행할 수 있는 죄사함의 권세를 믿었습니다. 바리새인처럼 예수가 귀신의 힘으로 행한다고 비난하거나 그 가르침을 거부하지 않았습니다. 아직 예수님이 십자가에서 대속적 죽음을 맞이하기 전이기에 그들이 예수님에 대한 완벽한 이해가 없었음에도 불구하고, 그들은 예수님을 하나님의 아들, 유일한 구원자로 믿었습니다. 그리하여 그들은 믿음으로 구원을 얻었던 것입니다.

오늘날을 살아가는 우리 그리스도인들이 믿는 대상은 '하나님의 아들 예수 그리스도'이고, 동시에 예수 그리스도가 '십자가에서 감당하신 대속적 죽음과 부활'을 믿습니다. 이 믿음으로 우리도 구원(영생)을 선물로 받습니다. 계시가 완성된 신약 시대이든 계시가 발전하고 있었던 구약시대이든 간에, "믿음으로 구원을 얻는다"는 진리는 영원토록 변함이 없는 사실입니다(롬 1:17; 엡 2:8 등).

자랑일 수 없는 구원(오직 은혜)

구원은 오직 믿음으로 얻습니다. 동시에 오직 은혜로 얻습니다. 구원에 있어 믿음과 은혜는 동전의 양면으로 결코 분리될 수 없습니다. 다만 구원이 이루어지는 방향의 차이로 보시면 됩니다. 믿음은 사람이 하나님을 향하는 내면적 중심이라면(방향이 ↑), 은혜는 하나님이 사람에게 향하는 사랑입니다(방향이 ↓).

믿음으로 얻는 구원이란, 하나님 편에서는 일방적으로 베푸시는 은혜를 말합니다. 은혜란 "받을 자격 없는 사람에게 베풀어 주시는 값없는 사랑"입니다. 즉 구원은 하나님이 일방적으로 주시는 가장 좋은 선물입니다. 값없는 부분에서 오해가 없기를 바랍니다. 싸구려라서 값없는 것이 아니라, 값을 수 없기 때문에 값없는 것입니다.

하나님의 은혜로 구원받은 이들 4명을 보십시오! 당시 사회적 기준과 시선으로 구원받을 만한 자격이나 칭찬받을 업적이 하나도 없었습니다. 오히려 죄인으로 취급받고 손가락질을 받았습니다. 사람들이 함께하기를 기피했습니다. 예배의 자리에서 하나님을 경배할 수도 없었으니 이들에게 예배 행위조차 없었습니다. 주님 앞에서도 내세울 그 어떠한 것도 없었습니다. 그런데 그들은 예수님이 베푸신 은혜로 구원을 얻었습니다. 믿음과 구원조차 하나님이 그들에게 베푸신 은혜였던 것입니다. 만일 구원에 있어 자격과 업적이 요구되었다면 그들은 결코 구원받지 못했을 것입니다.

구원은 어떠한 자격이나 업적(공로)으로 획득하거나 성취하는 것이 아닙니다. 지식을 연구하여 얻을 수 있는 것도 아닙니다. 구원은 오직 하나님의 주권적인 은혜입니다. 간단하게 말해, 하나님은 그냥 우리(나)를 선택하신 것입니다. 그냥 우리(나)를 사랑하신 것입니다. 조건이 없기에 '그냥'입니다. 하나님의 일방적 선택이기에 '그냥'입니다. 이유가 없습니다. 그래서 '그냥'입니다. 그러니 구원은 은혜 아니고서는 설명이 되지 않습니다. 세상은 사랑받을 짓을 하고 사랑받을 이유가 있어야 한다고 말합니다. 그러나 하나님이 베푸시는 구원은 그런 것이 아닙니다. "우리가 아직 죄인 되었을 때에 그리스도께서 우리를 위하여 죽으심으로 하나님께서 우리에 대한 자기의 사랑을 확증하셨느니라"(롬 5:8). 우리가 의로울 때 사랑하신 것이 아닙니다. 죄인임에도 사랑하셨다는 사실입니다. 성경은 그리스도인들이 구원받은 은혜에 대해 분명하게 증언합니다. "그리스도 예수 안에 있는 속량으로 말미암아 하나님의 은혜로 값없이 의롭다 하심을 얻은 자 되었느니라"(롬 3:24).

더욱 결정적인 것은 우리가 선물로 받은 구원은 천지가 창조되기 전에 예정되었다는 사실입니다. "곧 창세 전에 그리스도 안에서 우리를 택하사 우리로 사랑 안에서 그 앞에 거룩하고 흠이 없게 하시려고 그 기쁘신 뜻대로 우리를 예정하사 예수 그리스도로 말미암아 자기의 아들들이 되게 하셨으니"(엡 1:4-5). 죄가 이 땅에 들어오기 전 선택하셨다는 말입니다. 즉 우리가 죄를 알지도 못했을 때의 선택이니, 이건 그냥이라는 신비 외에는 설명이 되지 않습니다. 그래서 구원받은 성도에게는 구원이 은혜일 수밖에 없으며 논리로 설명할 수 없는 것입니다.

따라서 우리의 구원은 결코 내 자랑이 될 수 없습니다. 왜요? 주님께서 '선물'로 주셨기 때문입니다. 때문에 자랑을 한다면 구원을 선물로 주신 하나님과 예수님을 자랑해야 합니다. "너희는 그 은혜에 의하여 믿음으로 말미암아 구원을 받았으니 이것은 너희에게서 난 것이 아니요 하나님의 선물이라 행위에서 난 것이 아니니 이는 누구든지 자랑하지 못하게 함이라"(엡 2:8-9) "자랑하는 자는 주 안에서 자랑할지니라"(고후 10:17).

그런데 세상은 거저 주시는 하나님의 은혜를 미련하고 어리석은 것으로 오해합니다. 세상은 "보암직하고, 그럴듯해 보이고, 뭔가 내세울 것이 있을 때 신의 은혜를 얻을 수 있다"라고 여깁니다. 그래서 세상은 늘 있어 보이려고 열심히 자기 공덕을 쌓으려고 합니다. 없어 보이는 것에 대해 견디지 못해 합니다. 늘 외형으로 판단하기 때문입니다. 그러니 세상은 하나님의 값없이 주시는 은혜-조건 없는 사랑-을 이해하지 못하며, 믿음으로 얻는 구원에 대해 조소합니다.

그러나 성경은 믿음과 은혜로 얻는 구원을 바로 "하나님의 지혜요, 하나님의 능력"이라 증언합니다. "십자가의 도가 멸망하는 자들에게는 미련한 것이요 (믿음과 은혜로) 구원을 받는 우리에게는 하나님의 능력이라 …하나님의 지혜에 있어서는 이 세상이 자기 지혜로 하나님을 알지 못하므로 … 오직 부르심을 받은 자들에게는 유대인이나 헬라인이나 그리스도는 하나님의 능력이요 하나님의 지혜니라 … 이는 아무 육체도 하나님 앞에서 자랑하지 못하게 하려 하심이라"(고전 1:18-29).

심령이 가난한 자는 복이 있나니

구원받을 만한 믿음을 가진 사람들의 한결같은 공통점은 하나님 앞에서 '겸손'하였다는 것입니다. 즉 심령(마음)의 가난함을 말합니다. ⅰ 자신에게는 구원받을 만한 자격이 없다는 것을 겸허히 인정했습니다. 즉 죄인임을 인정했습니다. ⅱ 죄인이기에 하나님의 아들 예수 그리스도를 향한 믿음으로 자비와 긍휼을 구했던 것입니다. ⅲ 이에 주님은 그들의 믿음을 보시고 긍휼을 베풀어 주셨습니다.

왜 그들에게 구원의 은혜를 베풀어 주십니까? 가난한 마음으로 믿음을 도구 삼아 하나님의 은혜를 구하는 자에게는 하나님이 구원을 베풀겠다는 것이 하나님의 약속이기 때문입니다. "심령이 가난한 자는 복이 있나니 천국이 그들의 것임이요"(마 5:3), "누구든지 주의 이름을 부르는 자는 구원을 받으리라"(행 2:21), "주 예수를 믿으라 그리하면 너와 네 집이 구원을 받으리라"(행 16:31). 그렇기에 주님이 자신을 보여주시고 자신을 선물로 주실 때, 죄를 사하시고 영생을 주시는 그 주님을 믿고 겸손히 손을 내밀어 받기만 하면 됩니다.

그럼 4명의 주변에 있었던 많은 사람은 왜 믿음에 대해 칭찬받지 못했습니까? 그들 심령에 차지한 교만 때문입니다. 자신들은 자격이 있다고 착각했습니다. 나 정도 되는 사람은 괜찮은 사람이라고 착각했습니다. 예배의 현장에서 예배드리니 죄사함을 받았다고 착각했습니다. 그들의 예배는 중심으로 드려지는 예배가 아니라 형식적인 예배였을 뿐이었지요. 그들은 자신을 죄인이라고 여기지 않았습니다. 오히려 하나님이 자신에게 구원을 마땅히 베풀어야 한다고 생각했습니다. 그러니 하나님의 아들 예수님이 없어도 괜찮다고 여겼습니다. 그 결과 예수님의 말씀이 귀에 들리지 않았습니다. 예수님이 베푸신 수많은 기적은 그저 놀라울 뿐, 주님을 향한 믿음과 구원으로 연결되지 못했던 것입니다. 그들에게는 심령의 가난함이 없었습니다. 오히려 교만으로 가득 차 있었던 것입니다. 자신은 괜찮은 사람이라는 생각은 성경의 증언과 모순됩니다. "모든 사람이 죄를 범하였으매 하나님의 영광에 이르지 못하더니"(롬 3:23).

우리도 그럴 수 있습니다. 하나님의 아들 예수 그리스도에 관한 성경의 증언입니다. "이 성경이 곧 내게 대하여 증언하는 것이니라"(요 5:39). 예수님은 유일한 구원자요, 길이요, 진리요, 생명이십니다. 그런데 진리인 말씀을 듣고서도 자신이 죄인임을 거부하고 예수님의 대속적 죽음과 부활을 거부한다면, 우리는 믿음이 없는 사람입니다.

진리의 말씀을 듣고 예수님의 행적에 대해 읽고서도 예수님의 말씀과 행적에 대해 그저 놀랄 뿐, 주님을 향한 믿음과 따르고자 하는 소망으로 연결되지 않는다면 스스로 주님 없이 살 수 있는 괜찮은 사람으로 착각하는 것입니다. 이는 패망의 선봉인 교만입니다. "일렀으되 하나님이 교만한 자를 물리치시고 겸손한 자에게 은혜를 주신다 하였느니라"(약 4:6).

구원은

딱딱한 교리를 지금까지 읽어주셔서 주님께 감사할 뿐입니다. 교리니 더 부연설명하지 않겠습니다. 진리만을 선포하겠습니다.
 i 먼저 구원은 오직 믿음으로 얻습니다.
 ii 동시에 구원은 오직 은혜로 얻습니다.
 iii 구원받을 만한 믿음은 반드시 심령의 가난함, 겸손으로 나타납니다.

주님이 우리(나)에게 말씀하여 주시기를 바랍니다.
"네 믿음이 너를 구원하였느니라"

〈나눔: 오직 믿음으로〉

❶ 우리가 고백하는 믿음의 내용인 사도신경은, '하나님은 누구신가'와 '그 하나님이 어떤 일을 하셨는가'에 대한 고백으로 구성되어 있습니다. 사도신경에서 성부 하나님, 성자 하나님, 성령 하나님이 행하신 일들을 구분해 봅시다. 그 행하신 일에서 하나님은 어떤 분이신지 정의해 봅시다.

〈나눔: 오직 은혜로〉

❶ 은혜로 받은 구원에 대해 나의 솔직한 감정은 무엇입니까? 감격이 되는 이유는 무엇이며? 반대로 감격이 없는 이유는 무엇이겠습니까?
❷ 만일 구원을 행위로 얻는다면 당신은 어떻겠습니까? 은혜로 얻는 구원과 행위로 얻는 구원의 다른 점을 정확하게 구별할 수 있습니까?
❸ 은혜로 받는 구원이 어찌하여 "하나님의 능력이자 하나님의 지혜"가 될 수 있는지 말해봅시다.

〈나눔: 믿음에 동반되는 겸손〉

❶ 말씀이 나의 삶에서 순종으로 이어지지 않는 이유를 '겸손과 교만의 관점'에서 살펴봅시다. 어떻게 하면 말씀 순종으로 이어질 수 있겠습니까?

〈구원의 서정〉

구원의 서정은 논리적으로 '칭의-성화-영화'라는 단계로 표현할 수 있습니다. ❶ 먼저 칭의입니다. 즉 예수님이 하나님의 아들이자 그리스도임을 믿고, 동시에 그가 행하신 대속적 죽음과 부활을 믿음으로써 그리스도인의 구원이 시작됩니다. ❷ 다음으로 '성화'(예수를 닮아감)입니다. 칭의 이후 그리스도인은 삶의 여정에서 믿음으로 예수를 닮아갑니다. 이로써 구원(영생)의 풍성함을 누립니다. ❸ 마지막으로 '영화'라고 부릅니다. 마침내 이 땅에서의 삶이 끝났을 때, 그리스도인은 예수 그리스도가 계신 천국으로 돌아갑니다. 천국을 그리스도인의 본향이라고 하지요. 그곳에서 그리스도인은 예수 그리스도가 이루신 영광을 함께 누립니다.

Chapter 9 "곧 보게 되어"

예수께서 이르시되 가라 네 믿음이 너를 구원하였느니라 하시니 그가 **곧 보게 되어** 예수를 길에서 따르니라 (막 10:52)

지난 내용 체크

"가라 네 믿음이 너를 구원하였느니라"
✓ 구원이란, 주님을 향한 '믿음'의 문제입니다.
✓ 구원은 '오직 믿음과 오직 은혜'로 얻는데, 이 믿음과 은혜는 동전의 양면으로 결코 분리될 수 없습니다.
✓ 먼저 구원은 "믿음으로" 얻습니다. 믿음의 내용에는 두 가지가 있어야 하는데, ⅰ대상에 대한 믿음(그가 누구냐?)과 ⅱ그 대상이 한 일에 대한 믿음(그가 무슨 일을 했느냐?)입니다.
✓ 구원은 "하나님의 주권적 은혜로" 얻습니다. 은혜란, 받을 자격 없는 사람에게 하나님이 베풀어 주시는 값없는 사랑입니다. 그러므로 구원은 어떠한 자격이나 노력이나 업적(공로)으로 획득하거나 성취하는 것이 아닙니다.
✓ 구원은 선물이기에 내 자랑이 될 수 없습니다(엡 2:8-9). 만일 자랑을 한다면, 구원을 선물로 주신 하나님과 예수님을 자랑해야 합니다(고후 10:17).
✓ 구원받을 만한 믿음에서 요구되는 것은 심령의 가난함, 즉 겸손입니다. 이는 자신이 죄인이라는 사실을 아는 것과 예수 그리스도께 자비와 긍휼

을 구하는 마음으로 나타납니다.

지난 장에서 바디매오에게 나타난 '구원론' 교리를 받았다면, 이번 장에서는 예수님의 말씀과 동시에 맹인 바디매오가 보게 된 현상에 집중하여 말씀에 관한 진리 즉 '성경론'에 관한 교리를 받겠습니다. 성경론은 하나님에 대한 지식인 '신론'과도 연결됩니다. 역시 교리적 부분을 담고 있기에, 젖이 아니라 단단한 음식입니다. 그럼에도 잘 소화해 낸다면, 흔들리지 않는 신앙의 뿌리가 하나 더 생길 것이며 믿음이 더욱 견고해져 말씀의 초보에서 벗어날 줄 믿습니다(히 5:12-13). 이것이 '교리의 신비'입니다. 단단한데, 우리를 건강하게 합니다.

말씀이 능력이다.

예수님은 바디매오의 믿음을 인정하시며 '말씀'하셨습니다. "가라 네 믿음이 너를 구원하였느니라". '그 말씀과 동시에' 바디매오는 보게 됩니다. "예수께서 이르시되 가라 네 믿음이 너를 구원하였느니라 '하시니' 그가 '곧' 보게 되어 예수를 길에서 따르니라". '곧' 보게 되어입니다. '곧'은 헬라어 '유뒤스'(εὐθύς)로, 뜻은 '즉시로'(at once, immediately)입니다. '말씀과 동시에' 일어난 회복을 말합니다.

주님의 말씀이 있자, 곧!(즉시로) 주님의 능력이 나타난 것입니다. 어떻게 이것이 가능합니까? "말씀에는 능력"이 있기 때문에 가능한 것입니다.

왜일까요? 예수님의 본체가 전능하신 하나님이신 까닭입니다. 그래서 요한은 예수님을 하나님으로 소개할 뿐만 아니라, 예수님을 '말씀 그 자체'로 소개하고 있습니다. "태초에 말씀이 계시니라 이 말씀이 하나님과 함께 계셨으니 이 말씀은 곧 하나님이시니라 그가 태초에 하나님과 함께 계셨고 만물이 그로 말미암아 지은 바 되었으니 지은 것이 하나도 그가 없이는 된 것이 없느니라"(요 1:1-3), "말씀이 육신이 되어 우리 가운데 거하시매 우리가 그의 영광을 보니 아버지의 독생자의 영광이요 은혜와 진리가 충만하더라"(요 1:14), "태초부터 있는 생명의 말씀에 관하여는 …. 아버지와 함께 계시다가 우리에게 나타내신 바 된 이시니라"(요일 1:1-2). 요한은 예수님을 하나님이자 말씀이라 하면서, 태초에 천지를 창조하신 그 말씀으로 계셨다고 증언하고 있습니다. 따라서 말씀 곧 하나님의 아들인 예수님이 바디매오에게 말씀하심과 동시에 말씀에 능력이 적용된 것은 너무나 당연합니다.

그렇기에 주의 말씀은 허공을 치는 법이 하나도 없습니다. 즉 주의 말씀은 빈 깡통일 수가 없습니다. 또한 주의 말씀은 땅에 떨어져 사라지는 법이 하나도 없습니다. 주님의 모든 말씀이 주님의 뜻과 섭리 안에서 반드시 생명으로 열매를 맺는 법입니다. 모든 주의 말씀은 의미없이 사라지는 법이 없기에, 반드시 말씀을 받은 자에게는 모든 것이 합력하여 선을 이룹니다(롬 8:28). 주님이 말씀하시니 그 말씀대로 됩니다. 그래서 주님의 말씀이 능력으로 나타나는 법입니다. 사실 말씀은 말씀일 뿐입니다. 그런데 왜 말씀이 마치 인격을 가진 것처럼 능력으로 나타나는 것일까요? 그건, 말씀하신 분이 살아계신 전능자인 까닭입니다.

하나님의 능력 = 말씀의 능력

성경은 "말씀이 능력"이라고 선언합니다. 말씀이 능력으로 역사한 경우의 예를 들자면, 마리아의 예수님 잉태 사건입니다. "보라 네가 잉태하여 아들을 낳으리니 그 이름을 예수라 하라 … 마리아가 천사에게 말하되 나는 남자를 알지 못하니 어찌 이 일이 있으리이까 천사가 대답하여 이르되 성령이 네게 임하시고 지극히 높으신 이의 능력이 너를 덮으시리니 … 대저 하나님의 모든 '말씀'은 능하지 못하심이 없느니라 마리아가 이르되 주의 여종이오니 '말씀'대로 내게 이루어지이다 하매 천사가 떠나가니라" (눅 1:31-38). 천사와 마리아의 대화에서 이상한 점을 느끼지 못했습니까? 하나님이 소유한 신적 본질은 당연히 '전능함'입니다. 그렇다면 천사는 "(전능하신) 하나님에게는 능하지 못하심이 없느니라"라고 해야 합니다. 그런데 "하나님의 '모든 말씀'은 능하지 못하심이 없느니라"라고 했습니다. 천사는 하나님의 전능하심이 아닌, 말씀의 전능하심에 대해 선언한 것입니다. 이 얼마나 불경스럽습니까? 게다가 마리아도 고백합니다. "말씀대로 내게 이루어지이다"

왜 천사는 하나님의 전능하심이 아닌, 말씀의 전능함을 전한 것일까요?

첫째, 앞서 본대로 말씀하신 하나님이 전능하시기 때문입니다(God, Almighty). 따라서 하나님의 능력이나 말씀의 능력이 다르지 않다는 뜻입니다. 하나님의 능력은 그가 하신 말씀을 통해 입증되기 때문입니다. 전능자 하나님이 말씀하신 그대로 되니, 하나님의 능력과 말씀의 능력이 동일하게 사용되는 것입니다. "하나님의 능력 = 말씀의 능력"

둘째, 말씀하신 전능자 하나님이 살아계시기 때문입니다. 하나님이 살아계시기에 하나님의 말씀이 효력있게 역사하는 것입니다. 따라서 말씀대로 되었다는 것은 말씀하신 분이 살아계신다는 증거가 됩니다. 비유적으로, 사람의 말이 효력이 있으려면 그가 살아있어야 합니다. 죽은 사람은 말을 할 수 없을뿐더러, 죽은 사람의 말은 강제적 실효성이 없습니다. 유언도 유언자가 살아있을 때 유언해야만 그 효력이 있는 것과 같은 원리입니다. 그렇다면 하나님이 말씀하신 말씀대로 ('말씀 그대로') 된다는 것은, 하나님이 살아 계신다는 강력한 증거가 됩니다. 하나님이 살아계시기에 말씀대로 그 효력을 성취해 나가시는 것입니다.

게다가 하나님은 영원토록 존재하시는 분이니, 하나님의 말씀은 영원토록 능력의 말씀이며 그가 하신 말씀대로 이루어집니다. 이를 '말씀의 영원성'이라 합니다. '하나님의 영원성'에서 '말씀의 영원성'이 나옵니다. 이에 베드로는 말씀에 대해 "살아 있고 항상 있는 하나님의 말씀이다"라고 증언했습니다(벧전 1:23).

말씀의 방향성

하나님 말씀의 능력은 천지창조에서 잘 나타나 있습니다.

(창 1:1-31) "1 태초에 하나님이 천지를 창조하시니라 2 땅이 혼돈하고 공허하며 흑암이 깊음 위에 있고 하나님의 영은 수면 위에 운행하시니라 3-5 하나님이 이르시되 ...빛이 있으라 하시니 **빛이 있었고(היה, 하야)** ...보시기에 좋았더라...이는 첫째 날이니라 6-8 **하나님이 이르시되 ... 그대로 되니라(היה, 하야)**... 둘째 날이니라 9-13 **하나님이 이르시되... 그대로 되니라(היה, 하야)**.... 보시기에 좋았더라 ... 셋째 날이니라 14-19 **하나님이 이르시되 ... 그대로 되니라(היה, 하야)**... 보시기에 좋았더라... 넷째 날이니라 20-23 **하나님이 이르시되** ...창조하시니 ...보시기에 좋았더라...다섯째 날이니라 24-25 **하나님이 이르시되...그대로 되니라(היה, 하야)**... 하나님이 보시기에 좋았더라 26-31 **하나님이 이르시되** 우리의 형상을 따라 우리의 모양대로 우리가 사람을 만들고 그들로 바다의 물고기와 하늘의 새와 가축과 온 땅과 땅에 기는 모든 것을 다스리게 하자 하시고 ...**그대로 되니라(היה, 하야)**... 보시기에 심히 좋았더라... 여섯째 날이니라"

"하나님이 이르시되"는 6일간의 천지창조에서 모두 나타납니다. 특히 "하나님이 이르시되"는 날의 시작을 알리는 선언 장치입니다. 또한 "하나님이 이르시되"와 동시에 창조 기능이 수행되고 있습니다("그대로 되니라"). "이르시되"(히브리어로 '아마르אמר', 영어로는 say)가 모든 날에 공통됨으로 천지창조의 모든 것이-하나도 빠짐없이- 하나님의 말씀으로 되었음을 선언한 것입니다. 이는 말씀하신 이가 능력자이기에 그의 말씀이 능력으로 나타난 것입니다. 이 세상의 역사가 말씀으로 시작되었다는 것은 '이 땅의 운행과 종말도' 말씀으로 된다는 것을 뜻합니다.

또한 천지창조 과정을 보면 하나님의 말씀이 가진 능력의 '방향성'을 발견할 수 있습니다. 이를 '그리스도인이 가져야 할 언어의 방향성'으로 적용하면 유익할 것입니다.

첫째, 하나님의 말씀은 혼돈하며 공허하고 흑암 가운데서 '질서' 정연한 '창조'로 나타났습니다. 하나님의 말씀은 절대 혼란을 조장하지 않으며 파괴적이지도 않습니다. (→바디매오의 눈 뜸은 혼돈에서 정상으로 회복된 것입니다.) 그에 반해 사람의 말은 자신의 죄악된 본성을 가만히 내버려 두면 파괴적으로 변합니다. 아이들의 입에서 나오는 욕과 부정적 단어는 가르치지 않아도 자연스럽습니다.

둘째, 하나님 말씀은 천지창조에서 '채움'으로 나타났습니다. 하나님의 말씀은 공허하지 않습니다. 필요를 채워주시는 능력입니다. (→바디매오의 눈 뜸은 바디매오의 필요를 채워주신 것입니다.) 그에 반해 인간의 말은 얼마나 공허합니까? 눈앞에 있는 이득을 위해서라면 사람과의 약속을 너무나 쉽게 저버립니다. 누군가의 말을 믿을 수 없다는 것은 불안과 절망의 원인이 됩니다.

셋째, 하나님 말씀은 천지창조에서 하나님의 영광을 사람에게 '나눔'으로 나타났습니다. "자신의 형상대로 사람을 만들자"라고 말씀하셨습니다. 말씀하신 대로 하나님의 성품을 사람에게 나누셨습니다. 그리하여 사람은 신의 성품에 참여한 자가 되었습니다. 즉 하나님의 말씀은 사람을 이롭게 하는 것으로 나타납니다. (→바디매오의 눈 뜸은 하나님의 형상을 회복시킨 것으로 하나님의 영광을 나누어주신 것입니다.) 그에 반해 인간은 말로 타인의 것을 빼앗아 자신의 배를 부르게 합니다. 사기, 거짓말, 보이스 피싱 등이 그 대표적인 예에 해당합니다.

넷째, 이 땅의 모든 것이 주의 말씀대로 되니, 하나님이 보시기에 좋았습니다. "이보다 더 좋을 수 없다"라는 뜻입니다. 이를 '충만'이라 부릅니다. 말씀대로 될 때에만 좋은 것입니다. 말씀대로 되지 않을 때는 좋은 것이 아닙니다. 그러니 좋은 것을 사모하는 이들은 말씀을 사모할 수밖에 없습니다. (→바디매오에게 있어 보게 되는 것보다 더 좋은 것은 있을 수 없습니다. 나아가 가장 선하신 예수님을 따르니 영적으로도 이보다 더 좋을 수 없지요.) 그에 반해 사람의 말은 언제나 부족합니다. 그래서 계속해서 외형으로 부족함을 가리고자 하나 그 본질은 거짓입니다.

하나님 말씀의 능력은 창조이고 질서입니다. 채움입니다. 나눔(이로움)입니다. 선함이고 충만입니다. 반면에 사람이 가지는 말은 파괴적이고 혼돈입니다. 공허입니다. 뺏음입니다. 부족이요 거짓입니다. 그러니 말이 가진 능력과 방향성만 보더라도, 우리가 사람의 말을 의지하고 기댈 것이 아니라 전능자 하나님의 말씀에 기댈 충분한 이유가 되지 않겠습니까?

본심이 태도를 이끈다

성경은 사람들을 비롯한 모든 만물에 종국적으로 이루어질 주의 말씀을 기록해 놓았습니다. 성경이 예언한 그리스도가 오시면 맹인이 눈을 뜬다는 것이 이사야 선지자의 예언이었고(사 35:5), 예수님도 이를 친히 인용하시며 스스로 그 메시아임을 자증(自證)하셨습니다(눅 7:22). 하나님의 아들 예수 그리스도가 2천년 전에 인간의 몸을 입고 이 땅에 오셨습니다. 그러자 맹인이 보게 되는 일이 벌어졌습니다. 팩트가 된 것이지요. 즉 말씀대로 된 것입니다. 그렇다면 결국 이 세상과 우리의 삶은 말씀대로 될 것입니다. 이 또한 성경의 증언입니다. "만물이 주에게서 나오고 주로 말미암고 주에게로 돌아감이라"(롬 11:36).

그러하기에 "그리스도인이란 주의 말씀으로 구원받은 자요, 삶의 현장에서 주의 말씀으로 인내하는 자요, 주의 말씀 성취를 사모하며 기다리는 자요, 종국에는 주의 말씀 성취를 목격하는 자"입니다.

그리스도인은 주님의 말씀과 불가분의 관계로 "성경 말씀에 대한 자신의 태도는 곧 하나님께 대한 태도"를 나타냅니다. 왜냐하면 성경 말씀이 곧 하나님의 말씀인 까닭입니다. 그래서 성경 말씀을 보면 하나님을 만날 수 있습니다. 이는 '말씀의 계시성'과 연결됩니다. 역사 드라마를 보면, 왕의 어명이 담긴 칙서가 전달될 때, 상대방이 그 칙서 앞에서 예를 갖추는 것을 봅니다. 왕이 와서 말하는 것도 아닌데, 왜 그 칙서에 예를 갖추는 것입니까? 그 칙서의 내용이 왕의 말이고 그 칙서의 내용대로 이루어지는 것이니, 그 칙서를 대할 때 왕을 직접 대면하는 것처럼 받는 것입니다. 만일 그 칙서가 왕이 아니라며 그 칙서의 말을 무시한다면, 그건 바로 왕을 무시하는 것이 되어 더 큰 화를 부르기 마련입니다.

예수님도 열두 제자를 전도자로 파송하시면서 이같은 원리로 말씀하셨습니다. "너희를 영접하는 자는 나를 영접하는 것이요 나를 영접하는 자는 나를 보내신 이를 영접하는 것이니라"(마 10:40). 어떻게 제자의 영접이 예수님의 영접이 될 수 있습니까? 제자들은 예수님의 말씀을 가졌기 때문입니다. 그래서 제자가 전하는 말씀을 받는 태도야말로 예수님에 대한 태도가 되는 것입니다.

선지자들과 사도들이 전한 하나님의 말씀이 바로 '성경'입니다. 따라서 이 성경 말씀을 대하고 받는 우리의 태도에서 '하나님에 대한 자신의 진심'이 나오기 마련입니다. 성경책이 서재 책장에 있기만 하다면 그래서 말씀과 상관없는 삶이라면, 그것이 하나님에 대한 자신의 진심일 것입니다. 반면에 하나님이 나에게 말씀하시는 것이 무엇일까 하여 성경을 읽고 묵상한다면, 그것 또한 하나님에 대한 자신의 진심일 것입니다.

말씀의 충분성과 권위성

성경 말씀을 곧 하나님의 말씀으로 여기는 자는 "성경 말씀을 믿음과 행동의 절대적 기준"으로 삼습니다. 오늘날로 비유하면 나침반, 네비게이션으로 삼습니다. 왜냐하면 성경이 전하는 하나님의 말씀은 '진리'인 까닭입니다. 성경이 하나님에 대하여, 우주에 대하여, 인간에 대하여, 구원에 대하여, 미래에 대하여 전하는 말은 곧 절대적인 진리입니다. 그렇다면 이것에서 벗어나는 것은 '죄'입니다. 왜냐하면 하나님과 상관없는 것이기 때문입니다. 하늘의 천사라도 그리고 세상의 유명한 목회자일지라도 그가 성경에서 말하는 것과 다르게 말한다면, 그것은 거짓 곧 죄입니다.

게다가 알지 못해서 벗어나는 것은 '무지로 인한 죄'이기 때문에, 이는 우리가 진리를 배워야 하는 이유가 됩니다. 왜냐하면 성경은 하나님이 기뻐하시는 것을 기록해 놓았기 때문입니다. 우리가 왜 말씀을 듣고 왜 말씀을 배우는 것입니까? 참 진리로 분별력을 가져서 무지와 거짓에 빠지지 않기 위해서입니다. 진리를 알 때만 우리는 바른길을 갈 수 있고, 그 진리로 자유할 수 있으며, 그 진리로 생명의 풍성함을 누릴 수 있습니다.

그리스도인이 어떻게 구원에 이르며(칭의), 그리스도인은 어떻게 살 것인지(성화), 그리스도인의 결국은 무엇인지(영화)에 대한 진리는 성경에 다 나와 있습니다. 즉 그리스도인의 시작과 끝에 대한 진리가 모두 성경에 기록되어 있다는 것으로, 이는 '성경(말씀)의 충분성'이라고 하지요. 다른 데서 찾지 않아도 됩니다. 다른 데에 쏟는 에너지의 10분의 1만 성경 말씀에 쏟아도 구원의 길이 보일 것입니다.

이와 관련하여 이재철 목사는 성경을 '피조물에 대한 창조주의 사용설명서'(인생 사용설명서)로 설명합니다(「새신자반」, 17). 모든 제품은 사용설명서가 있습니다. 제품이 고가일수록 그 설명서대로 사용해야 합니다. 하나님은 사람을 자신의 형상과 모양대로 만드시면서 모든 만물보다 더 가치를 두시고 기뻐하셨습니다. 그렇다면 하나님이 사람에게 하나님의 자녀로서 바른 인생을 살도록 설명해 놓은 것이 성경 말씀입니다. "성경은 능히 너로 하여금 그리스도 예수 안에 있는 믿음으로 말미암아 구원에 이르는 지혜가 있게 하느니라 모든 성경은 하나님의 감동으로 된 것으로 교훈과 책망과 바르게 함과 의로 교육하기에 유익하니 이는 하나님의 사람으로 온전하게 하며 모든 선한 일을 행할 능력을 갖추게 하려 함이라"(딤후 3:15-17).

다윗은 하나님의 말씀을 '인생 사용설명서'로 사용한 경험을 고백했습니다. "이 말씀은 나의 고난 중의 위로라 주의 말씀이 나를 살리셨기 때문이니이다"(시 119:50), "주의 법이 나의 즐거움이 되지 아니하였더면 내가 내 고난 중에 멸망하였으리이다"(시 119:92), "주의 말씀은 내 발에 등이요 내 길에 빛이니이다"(시 119:105). 그리스도인이라면 하나님의 말씀이 나의 인생에 이렇게 적용되고 사용되었다는 자신만의 고백이 있어야 할 것입니다.

"주의 말씀은 나에게 있어 '_____'입니다."

따라서 "그리스도인은 삶의 여정에 있어 모든 시간과 공간에서 성경적 사고를 해야" 합니다. 즉 "성경에서 말하는 원리는 무엇일까?"라고 사고해야 합니다. 내 느낌보다 중요한 것이 성경 말씀입니다. 내 경험보다 그리고 전통보다 중요한 것이 성경 말씀입니다. 왜냐하면 우리의 믿음과 행동의 기준인 성경 말씀은 영원토록 변함이 없기 때문입니다. 따라서 우리 믿음과 행동의 유일한 법칙은 성경 말씀입니다. 이를 '성경의 권위성'이라고 합니다. 영원토록 변함없는 그 기준을 따라 생각하고 판단하고 결정한다면 결코 후회가 없을 것이며, 말씀대로 될 것이기에 말씀의 강력을 경험하게 될 것입니다.

하나님은 전능하십니다. 하나님의 말씀은 능력입니다. 따라서 그리스도인은 다른 피조물이나 자기 자신을 의지하지 말고 하나님의 말씀을 의지하며 살아야 합니다.

전능하신 하나님을 의지하지 않고 인간이 스스로 만든 다른 신이나 우상을 의지하는 것은 어리석은 일입니다. 인간이 힘이라고 하는 것들-돈, 물질, 지식 등-에 소망을 두는 것도 어리석은 것입니다. 왜냐하면 이 모든 것은 영원한 것에 비하면 일시적이고 결국 사라지기 때문입니다. 코의 호흡이 끝났을 때 각 그리스도인이 하나님의 말씀을 어떻게 대하였는지, 그리고 그 말씀으로 인생을 어떻게 살았는지에 대한 열매는 영원히 남을 것입니다.

말씀, 상처를 이기는 힘

특히 오늘날 불특정다수인을 대상으로 하는 강력범죄가 일어나는 상황과 연결하여 적용하겠습니다. 가해자의 심리는 무엇입니까? "내가 가진 상처와 환경 때문에 내가 이렇게 되었으니, 당신들도 나와 같은 고통과 경험을 맛보라"라는 내면의 악함이 작용한 것이지요. 즉 가해자가 받은 상처와 가해자가 처한 환경이 가해자를 지배하는 우상이 된 것입니다.

상처와 환경이 자신을 지배하지 않게 하십시오. 말씀의 능력이!, 복음의 능력이 능히 상처와 환경을 이기게 합니다. 다음 장에서 보겠지만, 말씀은 나를 변화시키는 능력이 있습니다. 그러니 말씀에 기대어야 합니다. 예수님만큼 상처받고, 불우한 환경이 있었겠습니까? 그럼에도 예수님은 "상처! 상처! 내 속에 울고 있는 아이!"를 말하지 않았습니다. 예수님은 오히려 '상처입은 치유자'가 되셨음을 기억하시기 바랍니다. 이것이 복음의 능력입니다.

하나님의 말씀을 믿고 의지하면 우리는 자신의 힘을 의지할 필요가 없습니다. 내가 많이 가질 필요도 없습니다. 오히려 짐이 되고 거추장스럽기만 하지요. 우리의 약함으로 좌절할 필요도 없습니다. 우리가 약할 때 오히려 하나님의 강함이 우리를 통해 드러납니다(고후 12:9-10). 우리가 말씀의 능력을 의지하고 살아갈 때, 전능하신 하나님이 우리에게 힘을 주실 것이고, 우리는 환경을 초월하여 어떤 상황에서도 하나님께 감사하며 자족하는 생활을 할 수 있습니다(빌 4:13). 말씀의 살아있음과 말씀의 능력을 경험하는 복이 있기를 바랍니다.

〈나눔: "곧" 보게 되어〉

❶ 내가 경험한 말씀의 능력에는 어떤 것이 있습니까? 그 경험에서 하나님에 대한 나의 신앙고백은 어떻게 이어졌습니까?

❷ 나는 하나님의 살아계심을 성경 말씀과 관련하여 어떻게 증언하고 있습니까? 그런 경험이 있습니까?

〈나눔: 말씀의 방향성〉

❶ 하나님의 말씀과 인간의 말은 어떤 차이가 있습니까? 말씀의 능력이 질서와 채움과 나눔과 충만이라는 관점에서 나누어 봅시다.

❷ 나의 언어 습관은 어떠한지 스스로 점검해 봅시다. 어떤 면에서 부족하고, 어떤 면에서 강합니까? 나의 언어로 인한 영적 경험을 나누어 봅시다. 실패에서 배운 교훈도 좋습니다.

〈나눔: 말씀의 충분성과 권위성〉

❶ 나는 성경 말씀을 하나님을 대면하는 것처럼 대할 때, 어떤 유익을 누렸습니까? 나의 성경 말씀에 대한 자세는 어떠합니까?

❷ 성경 말씀을 내 삶의 기준과 나침반으로 삼았을 때 누리는 유익은 무엇입니까? 죄의 유혹으로부터 승리한 경험을 나누어 봅시다.

❸ 경험보다 전통보다 더 중요한 것이 말씀임을 경험한 적이 있습니까? 무엇인지 나누어 봅시다.

❹ "주의 말씀은 나에게 있어 '＿＿＿＿＿＿＿＿＿＿'입니다."

Chapter 10 "곧 보게 되어 예수를 따르니라"

예수께서 이르시되 가라 네 믿음이 너를 구원하였느니라 하시니 그가 **곧 보게 되어 예수를 길에서 따르니라** (막 10:52)

지난 내용 체크

"(말씀)하시니…. 곧" 즉 '그 말씀과 동시에(즉시로)'
✓예수님의 본체가 전능자 하나님이신 까닭에 그 말씀에는 능력이 있습니다. 왜냐하면 말씀의 본질(본체)이 능력이고 살아있기 때문입니다.
✓하나님이 천지를 말씀으로 창조하신 사실에서 말씀의 방향성을 배워야 합니다. 창조와 질서요, 채움이요, 나눔(이로움)이요, 선함이고 충만입니다.
✓성경 말씀에 대한 태도는 곧 하나님께 대한 태도입니다. 왜냐하면 성경 말씀이 하나님의 말씀인 까닭입니다. 따라서 그리스도인은 성경 말씀을 믿음과 행동의 절대적 기준으로 삼아야 합니다(네비게이션, 또는 인생 사용설명서). 왜냐하면 성경 말씀은 진리인 까닭입니다.

지난 장에서는 "말씀은 살아있는 능력이다. 그래서 말씀대로 된다"라는 '말씀에 대한 본질'을 살폈다면, 이번 장에서는 그 본질에서 나오는 '현상'을 보겠습니다. 말씀의 '본질'에서 말씀의 '현상들'이 나옵니다. 즉 능력과 살아있는 말씀이 적용될 때 나타나는 '열매들'을 말합니다. 비유하자면, 사자라는 본성에서 사자만의 행동이 있고, 사과나무라는 본질에서는 사과 열매가 맺히는 것과 같은 원리입니다.

'본질'에서 '능력들'이 나온다.

(반복되지만,) 말씀에서 나오는 현상들과 열매들은 '말씀이 능력이요, 살아있음을 전제할 때'입니다. 즉 "전능자인 하나님은 살아계신다!"라는 이 전제가 부정되고서는 그 어떤 현상이나 열매도 의미가 없습니다. 그건 미신이고 우상에 불과하며 오히려 죄가 됩니다. 예를 들어, 하나님을 불신하면서도 하나님만이 행할 수 있는 병 고침을 위해 기도한다면, 그 사람에게는 병 고침 자체가 우상이 된 것입니다. 설령 병 고침이 있었다한들, 그 병 고침은 '하나님을 아는 지식'과는 전혀 상관이 없습니다.

말씀에서 나오는 현상(열매)을 경험한 이는 그 현상에서 말씀의 능력을 감각합니다. 그리고 그 경험된 현상을 통해 '말씀에는 이러한 능력이 있구나!'라고 고백합니다. 그래서 그 현상을 '말씀의 능력'이라고 말합니다. 이를 단순화하면, "말씀의 본질에서 말씀의 능력들이 나타난다" 입니다.

바디매오를 예로 들어 설명하겠습니다. 바디매오가 "가라 네 믿음이 너를 구원하였다"라는 예수님의 말씀을 믿음으로 받았습니다. 즉 능력과 살아있는 말씀이 먼저 있었습니다. 그러자 그가 치유되어 보게 되었습니다. 즉 바디매오의 눈뜸은 말씀에서 나온 현상이자 열매입니다. 그럼 이때 바디매오가 경험하고 감각한 말씀의 능력은 무엇입니까? '치유'입니다. 그래서 바디매오가 고백하기를 "말씀은 치유하는 능력이 있습니다"라는 것이지요!

중요한 것은, 말씀 본질에 대한 믿음(능력이요, 살아있음)이 우선할 때, 말씀의 능력에서 나오는 현상과 열매를 보게 됩니다. (참고로 Chapter 9장을 읽지 않고 본 장을 읽으면 이해하기가 힘들 수도 있으니, 9장을 먼저 읽기 바랍니다.) 만일 바디매오가 하나님의 아들 예수님에 대한 믿음이 없는 채 병 고침을 바랐다면, 이는 예수님의 '말씀'에 대한 믿음이 없이 고침을 바란 것이 됩니다. 이는 용하다는 무당에게 가서 무당이 섬기는 신에게 굿하는 것과 다를 바가 없습니다. 이를 미신이라 합니다.

하나님과 그 말씀에 대한 믿음이 없으면서도 능력만을 바란다는 것이 얼마나 어리석은 것인지요! 그러나 안타깝게도 오늘날 교인 중에 이런 분들이 있다는 것이지요! 어떤 이는 누군가에게 병 고치는 은사가 있다는 소리가 들리면, 묻지도 않고 찾아갑니다. 그런데 어떤 이는 병을 통해서 하나님을 알아가기 시작합니다. 하나님을 알고자 말씀을 읽습니다. 신비롭게도, 말씀을 읽는 중에 병 고침의 역사가 일어납니다. 이 두 사람에게 나타난 병 고침의 결과(현상)는 같을지라도, 하나님을 아는 지식은 전혀 다른 것입니다. 누가 주님을 더 닮아갈지는 명명백백합니다.

순서를 바꾸지 마십시오. "말씀에서 능력들이 나옵니다" 따라서 우리는 말씀 자체이신 하나님을 전인격적으로 알 때만, 말씀의 능력들을 온전히 경험할 수 있습니다.

성경을 보면, 말씀의 능력들은 다양합니다. 바디매오 이적에서 나타난 말씀의 능력들(현상들, 열매들)은 4가지로, 다음과 같습니다. ⅰ 격려입니다. ⅱ 병 고침입니다. ⅲ 구원입니다. ⅳ 변화입니다.

이를 말씀의 능력으로 표현하면,

"말씀은 격려하는 능력이 있습니다."

"말씀은 치유하는 능력이 있습니다."
"말씀은 구원하는 능력이 있습니다."
"말씀은 변화시키는 능력이 있습니다."

말씀의 '격려'하는 능력

바디매오를 보십시오. 주변의 많은 사람(무리)은 바디매오 외침에 대해 "꾸짖어 잠잠하라"라고 했습니다. 무리는 바디매오의 믿음과 신앙고백에 관심도 없었을 뿐만 아니라 오히려 비난했습니다. 듣기 싫어했습니다. 그만했으면 했습니다. 그런데 주님은 가던 걸음 멈추시고 바디매오를 부르시고는, 바디매오의 믿음이 옳다고 '말씀'하셨습니다. "네 믿음이 너를 구원하였느니라" 그때 주님의 '칭찬'으로부터 바디매오가 느꼈을 감정이 어떠했겠습니까? 자신이 믿는 바에 대한 안도감과 확신, 지금까지 지켜온 신앙고백이 참 주인으로부터 인정받는 기쁨, 그리고 믿는 바대로 살아갈 힘과 용기를 얻지 않았겠습니까? 그 주님의 격려가 바디매오로 하여금 그 길에서 주님을 따르게 했을 것임을 짐작하고도 남을 것입니다.

헌금함에 두 렙돈을 넣은 가난한 과부를 보면서 예수님은 '말씀'하셨습니다. "모든 사람보다 많이 넣었도다 그들(여러 부자들)은 다 그 풍족한 중에서 넣었거니와 이 과부는 그 가난한 중에서 자기의 모든 소유 곧 생활비 전부를 넣었느니라"(막 12:43-44). 주님은 가난한 과부의 중심을 꿰뚫어 보셨습니다. "그 가난한 중에서도 하나님을 진심으로 경외한 예물이다!" 주님 앞에서는 그 마음의 중심이 모두 드러나는 법입니다. 즉 주님이 아신다는 것이지요! 그 마음을 아시는 주님이 과부를 '칭찬'하셨습니다. "모든 사람보다 많이 넣었도다" 즉 "최고다!"라는 것이지요! 여태까지 이

여인은 어느 누구로부터도 그런 칭찬을 듣지 못했습니다. 왜냐하면 사람은 눈에 보이는 외형과 크기로만 평가하기 때문이지요. 그런데 주님이 눈에 보이지 않는 마음을 보시고 과부를 칭찬하셨습니다. 이 칭찬과 격려는 이 여인이 가졌던 이전의 모든 부끄러움을 씻어내고도 남았을 것입니다. 그리고는 마음을 보시는 하나님을 신뢰하고 찬양했을 것입니다. 이후에 이어질 여인의 삶이 상상되지 않습니까? 사람에게 보이기 위한 허세의 삶이 아니라 있는 모습 그대로 하나님을 사랑하며, 비록 가난했어도 하나님 앞에서 힘과 용기를 얻었을 것입니다.

우리에게도 이런 경험이 있지 않습니까? 예수님을 믿고 신앙생활하고 있는데, 주변에서는 나를 이상한 시선으로 바라봅니다. 특히 코로나 시대에 그러하지 않았습니까? 예배자의 삶이 시험대에 올랐습니다. 그 시험에서 예배자의 삶을 선택했습니다. 또한 청년의 시절이 그러하지 않습니까? 청년 그리스도인이기 때문에 많은 이들과는 다른 길을 걸었습니다. 넓고 쉬운 길이 아니라 좁은 길을 걸었지요. 죄의 길이 아니라 영적 순결의 길을 택했습니다. 그때 예배자의 삶과 영적 순결의 길을 걷는 사람이 어디에서 격려를 받았습니까? 말씀입니다. 주의 말씀이 선포될 때 그리고 주의 말씀을 읽을 때, 내가 걷고 있는 이 길이 틀리지 않았음을 확신하고 무한한 위로를 얻었습니다. 또한 그 말씀에서 세상 끝날까지 함께하고 지켜주신다는 주님의 격려를 얻었습니다. 그때 주의 말씀에 대한 감격이 얼마나 우리의 심금을 울렸습니까? 말씀 가운데서 흘리는 뜨거운 눈물이었습니다. 오직 말씀의 격려 속에서 자신이 걸어가야 할 바른길을 볼 수 있었습니다.

말씀을 통한 주님의 격려가 있기에 끝까지 그리스도인의 길과 사명의 길을 걸을 수 있습니다. 왜요? 그 말씀이 길이고 진리고 생명이기 때문입니다.(요 14:6). 그러나 말씀이 없는 사람의 격려는, 그것이 박수갈채일지라도 그 끝에는 공허함과 초라함이 남습니다. 왜요? 길이 아닌 막다름이고, 진리가 아닌 거짓이기 때문입니다. 생명이 아닌 허무한 죽음이기 때문입니다. 어디에서 위로와 격려를 얻고 계십니까? '말씀'입니까? 아니면 '말씀 아닌 것'입니까? 말씀과 말씀 아닌 것 두 종류밖에 없습니다. 자신이 격려를 얻는 그곳에서 자신이 믿는 신앙의 대상이 드러나는 법입니다.

말씀의 '치유'하는 능력

예수님께서 말씀하시니 맹인 바디매오가 '곧 보게' 되었습니다. 말씀에는 치유하는 능력이 있기 때문입니다. 인간에게는 불가능한 일이었지만, 주님의 말씀으로 두 눈이 온전해졌습니다. 그래서 인간이 볼 때 기적입니다. 그러나 하나님은 창조주이시고 전능자이시니, 사실 하나님의 편에서는 치유가 기적이 아니라 '당연함'입니다.

여기서 한 걸음 더 나아가 더 중요한 사실을 짚고자 합니다. 성경에는 자신의 병 고침을 위해 기도한 이가 많았습니다. 이때 하나님의 응답은 다양하게 임했다는 사실입니다. 이 다양했음이 중요합니다. i 치유받는 '시간대'가 다양했습니다. 즉석에서 병 고침 받은 사람이 있는가 하면, 몇일이 지난 뒤에 고침을 받기도 했습니다. 나사로는 죽었다가 나흘이 지난 뒤에야 살아났습니다. ii 치유함의 '내용'도 다양했습니다. 육체적 질병이 있는가 하면, 귀신들림도 있었습니다. iii 치료하시는 '방법'도 다양했습니다. 말씀으로 곧 치유하시는가 하면, "실로암 못에 가서 씻어라"(요 9:7)는 특정한 행동을 요구하기도 하셨습니다. "손가락을 그의 양 귀에 넣고 침을 뱉어 그의 혀에 손을 대시기도"(막 7:33) 했으며, "침을 뱉어 진흙을 이겨 그의 눈에 바르시기도" 하셨습니다(요 9:6). iv 치료받은 '사람'도 다양했습니다. 찾아오는 병자를 고치셨는가 하면, 반대로 친히 찾아가서 고쳐주시기도 했습니다(베드로 장모, 거라사의 귀신들린 사람). 그렇다고 모든 병자를 찾아가신 것도 아닙니다. v 한 번의 간구로 병 고침을 받는가 하면, 수로보니게 여인처럼 시험을 받고서야 병 고침을 받기도 했습니다 (막 7:27). 또한 벳세다 맹인처럼 두 번 안수하시기도 했습니다(막 8:25). vi 심지어 주님은 병 고침을 '거절'하기도 했습니다. 사도 바울이면 충분히 (아니 당연히) 병에서 고쳐주실 법도 하지 않겠습니까? 바울이 주를 위해 일한 수고와 바울이 복음 때문에 당한 고난을 주께서 아신다면, 바울이 병 고침을 받고도 남아야 하지 않겠습니까? 또한 병으로 인해 복음 전파에 어려움을 입었으니, 바울이 병 고침을 위해 얼마나 기도했겠습니까? 그러나 주님은 끝내 거절하셨습니다. 그리고 바울은 더 이상 병 고침을 위해 기도하지 않습니다. 바울은 평생 그 지병을 안고서 자신의 사명을 감당했습니다. 달리 말하면 바울은 죽을 때까지 병자였습니다. vii 오늘날 말씀을 읽는 중에 고침을 받기도 하지만, 말씀을 읽어도 고침 받지 못하는 사람도 있습니다. 누군가는 기도로 고침받기도 했지만, 누군가는 약을 먹어야 했고, 누군가는 수술을 해야 했습니다. 그 결과도 다릅니다.

  병 고침에 있어 예수님의 이런 다양한 모양을 성경이 나열한 이유는 무엇이겠습니까? 치료에 관한 대상, 종류, 시기, 방법, 병 고침 여부에 있어서 그 모든 소관은 주님의 절대적 주권임을 말하고자 함입니다. "왜 대상, 종류, 시기, 방법, 고침의 여부가 다른가?"에 대해 성경은 그 이유에 대해 저마다 말하고 있지도 않습니다. 말씀의 능력은 각자의 인격을 무시한 기계적이고도 획일적으로 나타나는 것이 아닙니다. 왜냐하면 전능자 하나님이 인격적인 까닭입니다. 여기서 신앙생활에서 유의할 점을 발견할 수 있습니다. 내가 경험한 말씀의 능력을 타인에게 강요할 수 없다는 것입니다. 그런데 소위 신앙이 강하다고 하는 이들은 타인에게 자신의 경험을 강요합니다. 자신이 강요한 능력이 타인에게서 나타나지 않으면, 그를 향해 "믿음이 없다"라고 합니다. 주의하십시오. 내가 받은 은혜가 타인에게도 획일적으로, 동일하게 적용되지 않습니다.

다만 우리가 확신할 수 있는 것은 각자에게 가장 좋은 치유를 주신다는 사실입니다. 육체의 치유든, 영혼의 치유든. 왜냐하면 하나님은 절대적으로 선하시기 때문입니다. 이 선은 '이보다 더 좋을 수 없다'라는 뜻입니다. 충만한 '선'입니다. 따라서 "선하신 하나님이 나의 병에도 그 선함을 주셨다"라는 신앙고백이야말로 가장 아름다운 믿음일 것입니다.

만약 내가 병 낫기를 기도했는데 병이 낫지 않는다면, 주님의 능력이 부족한 것이 아닙니다. 말씀이 거짓이어서도 아닙니다. 그 병에 하나님의 온전한 은혜가 깃들어 있기 때문입니다. 나의 체질을 가장 잘 아시는 분이 하나님이라고 신뢰하는 자만이 그 받은 은혜에 감사할 수 있습니다. 병 나음을 거절당한 바울은 그 지병으로 인해 예수님을 더 자랑할 수 있었고, 자신의 약함으로 인해 복음의 강력을 나타낼 수 있었습니다(고후 12:9). 그랬기에 바울은 병 때문에 병의 노예로 살지 않았습니다. 즉 바울은 건강이라는 우상숭배자가 아니었습니다. 하나님의 선하심을 신뢰했기에 바울은 진정한 '예수 그리스도의 종'으로 살 수 있었습니다. 병이 바울의 삶을 지배한 것이 아니라, 예수 복음이 그를 지배한 것이지요. 그는 병 때문에 사역을 그만둔 것이 아니라, 병자였지만 그가 받은 은혜로 하나님의 사명을 끝까지 감당할 수 있었습니다.

주의 말씀에는 각자를 온전히 치유하는 능력이 있습니다. 무엇보다도 그 능력은 온전히 예수 그리스도를 따르게 하는 능력으로 나타날 것입니다. 그래서 가장 좋은 것으로 치유받은 것입니다. 육체의 고침을 넘어 영혼을 고치셨기 때문입니다.

말씀의 '구원'하는 능력

바디매오가 보게 되었다는 것은 육체적 고침을 받았다는 의미도 있습니다만, 빛이신 예수님을 발견했다는 이중적 의미도 포함되어 있습니다. 왜냐하면 바디매오가 보게 된 이후의 그의 첫 결정은 예수님을 따르는 제자가 되었다는 점에서입니다. 사람이 여태 보지 못하다가 보게 되면 다른 생각을 가질 때가 많습니다. 잠시 예수님을 따르는 척하다가 자기의 본성대로 예수님을 떠나는 것을 많이 보았습니다. 그런데 바디매오는 주님을 온전히 따랐다는 것이지요! 왜냐하면 바디매오의 구원은 말씀의 능력이었기 때문입니다. "성경은 능히 너로 하여금 그리스도 예수 안에 있는 믿음으로 말미암아 구원에 이르는 지혜가 있게 하느니라"(딤후 3:15), "너희가 거듭난 것은 썩어질 씨로 된 것이 아니요 썩지 아니할 씨로 된 것이니 살아 있고 항상 있는 하나님의 말씀으로 되었느니라"(벧전 1:23). 이것을 다르게 표현하면, "너희가 진리인 예수를 보게 된 것은 하나님의 말씀으로 되었느니라", "너희가 빛(길)이신 예수를 따르는 것은 하나님의 말씀으로 되었느니라", "너희가 생명이신 예수님을 따르게 된 것은 하나님의 말씀으로 되었느니라" 입니다.

이를 구원론과 연결하면, 하나님이 구원하기 위한 부르심(소명)은 말씀에서 시작됩니다. 따라서 구원은 말씀을 떠나서는 이루어지지 않습니다. 즉 구원이란 말씀을 듣고 말씀에 대한 반응으로 시작되는 것이지요. 그래서 '말씀을 들음'이 그토록 중요합니다. 왜요? 영생의 출발선이기 때문입니다. 다른 출발선은 없습니다. 그래서 불신자들에게 말씀을 전하거나 말씀을 듣게 하는 것이 진정한 전도입니다. 그 말씀 가운데서 성령님이 역사하여 그들의 마음을 변화시켜 나가십니다. 왜냐하면 성령님은 진리의 영이시기 때문입니다.

말씀의 '변화'시키는 능력

바디매오는 말씀이 있는 그 길에서 즉시로 예수를 따랐습니다. "그가 곧 보게 되어 예수를 길에서 따르니라" '길에서'입니다. 바디매오에게 말씀이 있기 이전의 길은 자신의 생존을 위해 길가에 앉아 동냥을 구걸한 길이었습니다. 그 길에서 잠시나마 위안을 얻었습니다. 그런데 바디매오가 말씀 자체이신 예수라는 참된 길을 만나자, 그 길에서 그 길-예수의 길-을 따르는 제자가 되었습니다.

말씀을 만나자 익숙한 길을 버렸습니다. 대신 가보지 않은 제자의 길을 선택했습니다. 세상에서 얻을 수 있는 것을 버렸습니다. 대신 주님만이 주시는 은혜를 선택했습니다. 특히 자신의 유일한 위안이자 재산이자 기쁨이었던 겉옷을 내버렸습니다. 대신 예수 그리스도인의 옷을 입었습니다. 바디매오는 옛 습관과 세상 즐거움을 버리고 주님을 따르는 모습으로 변화되었습니다. "예수를 따르니라"

어떻게 해서 이게 가능했습니까? 주님의 말씀 때문입니다. 그래서 말씀은 사람을 변화시키는 능력이 있습니다. 말씀은 내가 버릴 것은 무엇이며, 내가 붙잡아야 할 것은 무엇인지에 대한 분별력을 주기 때문입니다. 이처럼 주님의 말씀은 세상의 가치와 세상의 익숙한 습관을 버리게 합니다. 유한한 세상의 즐거움을 버리고 무한하고도 영원한 기쁨을 좇게 합니다. 주의 말씀을 좇아 사는 것을 삶의 낙으로 삼는 하나님의 사람으로 변화시킵니다.

삭개오를 보십시오. 그는 불의한 재물 모으기를 낙으로 삼고, 그 재물을 도구삼아 힘을 내세웠던 사람입니다. 그런데 그가 말씀이신 예수님을 만났습니다. 그러자 그가 그동안 절대 포기하지 못했던 세상의 가치를 포기케 하는 능력이 나타났습니다. "예수께서 그 곳에 이르사 쳐다보시고 이르시되 삭개오야 속히 내려오라 내가 오늘 네 집에 유하여야 하겠다 하시니 급히 내려와 즐거워하며 영접하거늘 … 삭개오가 서서 주께 여짜오되 주여 보시옵소서 내 소유의 절반을 가난한 자들에게 주겠사오며 만일 누구의 것을 속여 빼앗은 일이 있으면 네 갑절이나 갚겠나이다 예수께서 이르시되 오늘 구원이 이 집에 이르렀으니 이 사람도 아브라함의 자손임이로다"(눅 19:5-9). 무엇이 삭개오를 바른 분별의 사람으로 변화시켰습니까? 말씀이신 주님을 만나고 나서입니다. 삭개오는 참 말씀 안에서만 자신이 버릴 것이 무엇인지 분별할 수 있었고, 유한한 것과 영원한 것에 대한 바른 분별이 가능해졌습니다.

왜 세상이 변화되지 않습니까? 심지어 왜 교회조차도 변하지 않습니까? 그리스도인들이 말씀으로 변화되지 않았기 때문이지요. 왜 이 땅의 교회들이 말씀과 정도를 벗어나 엉뚱한 곳으로 가고 있습니까? 말씀을 통한 분별력을 잃어버렸기 때문입니다. 분별력이 없는 곳에는 변화는 없습니다. 단지 퇴행과 상처만 있을 뿐이지요. 말씀이 없는 가정, 말씀이 없는 자신이 이럴 수 있습니다.

능력 이전에 믿음이다

예수 그리스도의 말씀이 있자 바디매오에게 나타난 현상들을 보면서 말씀의 능력들을 살폈습니다. 격려이고 치유이고 구원이고 변화였습니다.

그러나 반드시 기억해야 할 것은, 말씀의 능력은 말씀의 본질이신 살아계신 전능자 하나님에 대한 믿음에서 시작된다는 사실입니다. 이것이 뿌리입니다. 현상과 열매보다 현상의 주인이자 뿌리가 중요합니다. 즉 본질인 말씀에서 말씀의 능력들이 나옵니다. 본 장에서 4가지를 살폈습니다.

"말씀은 격려하는,
　　　치유하는,
　　　구원하는,
　　　변화시키는 능력이 있습니다."

참된 위로와 격려가 필요합니까? 온전히 치유되고 싶습니까? 구원의 역사를 보고 싶습니까? 예수님 닮은 참 예수 제자로 변화되고 싶습니까? 성경 말씀을 하나님으로 대하십시오. 성경 말씀을 믿음과 행동의 절대적 기준으로 삼으십시오. 그렇게 하려면, 말씀을 듣고 읽고 상고하셔야 합니다. 그때서야 말씀의 능력들을 감각하게 될 것입니다.

〈나눔: 말씀이라는 본질에서 말씀의 능력들이 나온다〉

❶ 말씀의 능력을 경험한 사건이 있습니까? 말씀의 능력은 무엇이었으며, 그것을 어떻게 경험하게 되었습니까?

❷ 하나님을 모르면서 말씀의 능력을 경험하게 되면 어떤 부작용이 있을까요? 혹시 부작용에 대한 경험이나 간접경험이 있습니까?

〈나눔: 말씀의 능력들 "격려, 치유, 구원, 변화"〉

❶ 말씀을 통한 주님의 격려가 있기에 그리스도인의 길과 사명의 길을 끝까지 걸을 수 있습니다. 지금 나를 힘들게 하는 상황은 무엇입니까? 나에게 지금 필요한 주님의 격려는 무엇입니까?

❷ 주님께 병 고침을 구했음에도 다른 은혜를 주신 적이 있습니까? 어떤 은혜였습니까?

❸ 병든 상황에서 내가 할 수 있는 가장 아름다운 신앙고백은 무엇이겠습니까?

❹ 내가 주의 말씀을 전해야 할 전도 대상자는 누구입니까? 성령의 일하심을 믿고 영혼 구원에 힘을 냅시다.

❺ 주님의 말씀이 나를 변화시킨 영역은 무엇입니까? 주님의 말씀 때문에 내가 버린 세상의 유익과 가치는 무엇입니까? 그리고 내가 변화되지 못하는 이유에는 무엇이 있습니까?

Chapter 11 "따르니라"

예수께서 이르시되 가라 네 믿음이 너를 구원하였느니라 하시니 그가 곧 보게 되어 예수를 길에서 **따르니라** (막 10:52)

지난 내용 체크

❶ 살아있고 능력인 말씀 본체에서 말씀의 능력들(열매들, 현상들)이 나옵니다. 순서를 바꾸지 말아야 합니다. "말씀에서 능력들이 나옵니다." 따라서 우리는 말씀 자체이신 하나님을 인격적으로 알 때만, 말씀의 능력들을 온전히 경험할 수 있습니다.
❷ 바디매오에게서 발견한 말씀의 능력들은 4가지입니다.
✓ 첫째, "말씀은 격려하는 능력이 있습니다."
✓ 둘째, "말씀은 치유하는 능력이 있습니다."
✓ 셋째, "말씀은 구원하는 능력이 있습니다."
✓ 넷째, "말씀은 변화시키는 능력이 있습니다."

존 스토트는 제자도의 8가지 표지로 "세상 거스르기, 그리스도 닮아가기, 성숙하기, 창조세계 돌보기, 단순해지기, 균형잡기, 하나님에 대한 의존성 갖기, 죽음의 역설 이해하기"를 제시했습니다. 그런데 이는 말씀(예수)이라는 본체를 따를 때 나타나는 현상들(표지들)입니다. 따라서 본 장에서는 제자도의 뿌리가 되는 말씀에 대한 권면을 하고자 합니다.

바디매오 시리즈의 마지막 장으로, 4가지 권면을 드립니다.

첫째는, "말씀을 가까이하십시오"

둘째는, "말씀을 사색(묵상)하십시오"

셋째는, "예수 팬이 되지 마시고 말씀을 따르는 예수 제자가 되십시오"

넷째는, "말씀에(복음에) 더하거나 빼지 마십시오. 말씀에 순전하십시오"

말씀을 가까이하라

첫 번째 권면입니다. "말씀을 가까이하십시오." 왜냐하면 말씀만이 예수 제자로 따르게 하는 능력이 있기 때문입니다. "예수께서 이르시되 가라 네 믿음이 너를 구원하였느니라 하시니 그가 곧 보게 되어 예수를 길에서 따르니라"(막 10:52). 바디매오가 보게 된 후 예수님을 따랐습니다. 즉 예수님을 따르는 제자가 되었습니다. 말씀만이 예수 제자로 (예수다움으로) 이끄는 능력이 있습니다.

어떤 이는 바디매오가 무리와 같이 예루살렘 여정에 동행한 것으로 해석합니다. 그러나 i 무리의 신앙고백과 바디매오의 신앙고백이 다른 점에서, 무리가 예수를 따르는 것과 바디매오가 예수를 따르는 것을 다르게 보아야 합니다. ii 원문상 '따랐다'는 헬라어 '아콜루데오'($ἀκολουθέω$)는 성경에서 그리스도의 제자직에 제한되어 사용되었다는 점에서, 바디매오는 더더욱 예수 제자의 길을 따랐음을 알 수 있습니다.

왜 말씀을 가까이해야 합니까? '가까이함으로써' 우리가 구원받은 목적을 알고 예수님을 따를 수 있기 때문입니다. 성경은 우리가 구원받은 이유에 대해 구원 자체가 최종 목적이라고 말하지 않습니다. 오히려 예수 닮은 예수 제자로 살게 하기 위함이 구원의 목적이라고 선명하게 밝히고 있습니다. 구원받음은 출발선(시작)이요, 결승선(목표)은 예수다움입니다. "하나님이 미리 아신 자들을 또한 그 아들의 형상을 본받게 하기 위하여 미리 정하셨으니"(롬 8:29), "우리는 그가 만드신 바라 그리스도 예수 안에서 선한 일을 위하여 지으심을 받은 자니 이 일은 하나님이 전에 예비하사 우리로 그 가운데서 행하게 하려 하심이니라"(엡 2:10), "너희는 택하신 족속이요 왕 같은 제사장들이요 거룩한 나라요 그의 소유가 된 백성이니 이는 너희를 어두운 데서 불러내어 그의 기이한 빛에 들어가게 하신 이의 아름다운 덕을 선포하게 하려 하심이라"(벧전 2:9). 하나님이 인간을 구원하시는 목적은 그의 아들 예수님을 따르게 함입니다. 예수님이 하나님의 아들이니, 결국 우리도 하나님(신)의 아들로서 살게 하기 위함입니다.

말씀을 가까이할 때만, 내가 따라야 할 말씀의 주인(신앙의 대상)이 명백하게 보이는 법입니다. 말씀이 멀리 있을 때엔 보이지 않습니다. 눈에서 멀어지니 마음도 멀어지는 것이 인간의 약함입니다. 따라서 예수의 제자는 의지적으로, 그리고 의도적으로 시간을 내어 말씀을 가까이 하는 자입니다. 사랑할 때 시간을 내는 법이니, 말씀을 가까이 한다는 것은 예수를 사랑하는 예수 제자의 본질이 됩니다. 그렇기에 모든 것을 잃어도 심지어 육체의 건강을 잃어도, 예수 제자는 주의 말씀만은 손에 붙들고 있어야 합니다. 왜냐하면 주의 말씀만이 그 제자에게 삶의 의미이자 목적이기 때문입니다. "하나님께 가까이 함이 내게 복이라 내가 주 여호와를 나의 피난처로 삼아 주의 모든 행적을 전파하리이다"(시 73:28).

검색이 아닌 사색을 하라

두 번째 권면입니다. "말씀을 사색(묵상)하십시오." 오늘날을 대표하는 단어가 있다면, '사색'이 아닌 '검색'입니다. 사색과 검색의 차이는 생각하느냐, 하지 않느냐에서 갈립니다. '사색'(思索)의 문자적 정의는 "어떤 것에 대하여 깊이 생각하고 이치를 찾는 것"입니다. 오늘날 대중화된 컴퓨터와 관련한 '검색'(檢索)의 사전적 정의는 "기억 공간 안에 들어 있는 자료 중 어떤 성질을 만족하는 자료를 찾아내는 일"입니다. 오늘날 성도들이 성경에 대한 믿음의 강도("성경은 하나님의 말씀이다")가 크게 변했다고는 생각하지는 않습니다. 그러나 말씀을 캐내는 정도와 능력이 믿음의 강도를 따라가지 못하는 실정입니다.

사람이 생각을 멈추었습니다. 어떤 일이 있으면 바로 '구글님', '네이버님'에게 가서 검색부터 하기 때문입니다. 그래서 생각하는 사람으로서의 창조적 기능이 약해졌습니다. 검색 결과 '맞다, 틀리다'라고 판단을 하지만, '왜'에 대한 질문이 없어졌습니다. 검색은 이미 타인이 만들어 놓은 결과물을 살피는 것입니다. 자기 지식이 아닙니다. 신앙에서도 말씀에 대한 사색이 없는 결과, 자기 신앙고백이 없는 것이지요. 더 나은 신앙 발전을 이루지 못하는 것이 오늘날의 현실입니다.

왜 그리스도인들은 말씀을 사색해야 합니까?
첫째, 하나님이 인간을 그렇게 창조하셨기 때문입니다. 만일 하나님이 인간을 창조하실 때 검색했다면, 인간을 만들 수가 없었을 것입니다. 인간에 대한 어떠한 문헌이나 정보가 있을 리 없습니다. 근본적으로 '무(無)'의 상태에서 천지를 창조하신 까닭입니다. 우리 인간은 하나님의 형상을 따라 하나님의 모양대로 창조되었습니다. 따라서 우리 인간은 검색할 때 하나님의 형상이 나타나는 것이 아니라, 사색할 때 하나님의 형상을 닮은 창조의 모습이 나타나게 되어 있습니다. 아담이 사색한 결과로 동물의 이름이 주어졌고, 여자라는 이름이 주어진 것을 창세기를 통해서도 알 수 있습니다.

둘째, 말씀을 사색(묵상)함으로써 믿음의 성장을 이룰 수 있기 때문입니다. "베뢰아에 있는 사람들은 데살로니가에 있는 사람들보다 더 너그러워서 간절한 마음으로 말씀을 받고 이것이 그러한가 하여 날마다 성경을 상고하므로 그 중에 믿는 사람이 많고 또 헬라의 귀부인과 남자가 적지 아니하나"(행 17:11-12). 여기서 '상고한다'는 헬라어 단어는 '아나크리노'($\alpha\nu\alpha\kappa\rho\iota\nu\omega$)로서 "판단과 결정하기 전에 조사하고 질문하고 (취조하듯이) 검토하다"라는 뜻을 지니고 있습니다. 사색한다와 동의어로 보시면 됩니다. 왜 말씀을 취조하듯이 검토합니까? 진실과 진리를 밝히 알고 분별하기 위해서입니다. 그리하여 그 진리 가운데 흔들림 없는 믿음으로 서기 위해서입니다. 그래서 성경을 읽을 때 '왜'라는 단어로 묵상하는 훈련을 하십시오. 그리고 스스로 캐내십시오. 그러면 자기 신앙고백이 나오기 마련입니다.

영적 성장은 말씀을 상고함으로 이루어집니다. 말씀 묵상을 떠나서는 결코 영적 성장과 믿음의 성숙을 이룰 수 없습니다. i 말씀 묵상이 없는 봉사는 쉽게 지칩니다. 왜요? 하나님의 뜻과는 상관없는 자기 열심이기 때문입니다. ii 말씀 묵상이 없는 교제는 쉽게 공허해집니다. 왜요? 자기에게 주신 말씀을 나누지 않기에 항상 남의 이야기만 합니다. 그러니 남는 것은 비교요, 비판이요, 자괴감과 허무만 남습니다. iii 목사가 묵상 없는 말씀을 예배에 선포하면, 성도는 여전히 허기집니다. 성령의 조명과 깨달음으로 그 교회에 주신 것을 나누지 못하기 때문입니다. 그날 생명의 양식을 먹지 못했으니 여전히 허기지고 교인은 약할 수밖에 없습니다. iv 특히 사색하지 아니하는 그리스도인은 여태 경험해 보지 못한 문제 앞에서 위기 대처 능력이 없습니다. 말씀이 없는 그들의 얼굴을 보십시오. 말씀에 대한 사색(思索)이 없었기에 그들의 얼굴은 사색(死色)이 됩니다. 말씀 묵상에서 나오는 하나님의 인도하심과 창조적 해결능력이 없기 때문입니다. 자신이 신앙고백한 말씀이 없었으니 자기 안에서 검색이 안되는 것이지요! 역으로 적용하면 말씀 묵상이 있을 때, 섬김은 자원함으로 지속되며 성도의 교제는 충만해지고 예배는 풍성하며 위기를 헤쳐 나가는 지혜와 능력을 얻습니다.

셋째, 말씀을 사색함으로써 하나님의 사람으로 온전해지기 때문입니다. "모든 성경은 하나님의 감동으로 된 것으로 교훈과 책망과 바르게 함과 의로 교육하기에 유익하니 이는 하나님의 사람으로 온전하게 하며 모든 선한 일을 행할 능력을 갖추게 하려 함이라"(딤후 16-17). 사색(묵상) 없는 맹신은 이웃을 해칠 수 있습니다. 사색 없는 성경 읽기는 하나님의 선한 뜻과 목적을 알 수 없습니다. 사색하지 않기에 자신을 향한 성령의 음성을 들을 수 없기 때문입니다. 성경을 묵상하고 사색할 때만 하나님의 사람으로 온전해지는 법입니다.

루터의 종교개혁은 말씀의 사색으로부터 시작되었음을 기억하십시오. 자신이 먼저 말씀으로 개혁되고 하나님의 사람으로 온전해졌습니다. 그리고 그 묵상한 말씀으로 선한 일들을 담대히 이루어 나갔습니다. 루터가 늘 해오던 카톨릭 전통만 붙들었다면, 종교개혁은 결코 일어나지 못했을 것입니다. "복 있는 사람은 … 오직 여호와의 율법을 즐거워하여 그의 율법을 주야로 묵상하는도다 그는 시냇가에 심은 나무가 철을 따라 열매를 맺으며 그 잎사귀가 마르지 아니함 같으니 그가 하는 모든 일이 다 형통하리로다"(시 1:1-3).

팬이 아닌 제자가 되라

세 번째 권면입니다. "팬이 되지 말고 말씀을 따르는 제자가 되십시오." 예수님의 공생애 말기에 제자가 된 바디매오와 공생애 초창기에 제자가 된 베드로의 공통점이 있다면, 주님의 말씀 앞에서 '즉각적인 따름'으로 나타났다는 점입니다. "말씀하시되 나를 따라오라 내가 너희를 사람을 낚는 어부가 되게 하리라 하시니 그들이 곧 그물을 버려 두고 예수를 따르니라"(마 4:19-20). 주님이 말씀하시자 베드로는 즉각적으로 "곧" 그물을 버렸습니다. 그리고 예수를 따랐습니다.

말씀 앞에 선 바디매오와 베드로를 통해, 예수를 따르는 제자도의 모습을 배울 수 있습니다. i 예수 제자는 말씀을 따름에 있어서는 불순종할 이유로 변명하지 않습니다. 말씀 앞에서 즉각적으로 순종합니다. "곧"입니다. 다른 말로 꾸물거리지 않습니다. 바디매오와 베드로는 자신의 상황을 변명하지 않았습니다. 거절할 이유를 찾지 않았습니다. 다음 기회로 미루지도 않았습니다. "예수 제자는 예수를 따름에 있어 예외조항이나 조건을 달지 않는다"라는 뜻입니다. ii 예수 제자는 '여차하면'이라는 딴 주머니를 차지 않습니다. 즉 말씀이신 예수님께 '올인'(All-in) 합니다. 바디매오는 겉옷을 버렸고, 베드로는 그물을 버렸습니다. 주께서 부르시자 모두 생존을 위한 절대적 도구를 버렸습니다. 그리고 지체없이 예수님을 따랐습니다. 즉 '여차하면'이 아니라, 예수님의 부르심과 말씀에 '전부'를 걸었습니다. 이것을 달리 표현하면, "희생 없이는 온전한 제자도를 이룰 수 없다"라는 뜻입니다. 왜요? 진짜를 찾았으니 진짜가 아닌 것을 버릴 용기와 담대함이 생겼기 때문입니다. 예수님은 하나님 나라의 삶을 추구하는 제자의 자세를 비유로 말씀하셨습니다. "천국은 마치 밭에 감추인 보화와 같으니 사람이 이를 발견한 후 숨겨 두고 기뻐하며 돌아가서 자기의 소유를 다 팔아 그 밭을 사느니라 또 천국은 마치 좋은 진주를 구하는 장사와 같으니 극히 값진 진주 하나를 발견하매 가서 자기의 소유를 다 팔아 그 진주를 사느니라 또 천국은 마치 바다에 치고 각종 물고기를 모는 그물과 같으니 그물에 가득하매 물 가로 끌어 내고 앉아서 좋은 것은 그릇에 담고 못된 것은 내버리느니라"(마 13:44-48). ⅲ 예수님은 제자도에 대해 "자기 부인"과 "자기 십자가"를 말씀하셨습니다. "무리와 제자들을 불러 이르시되 누구든지 나를 따라오려거든 자기를 부인하고 자기 십자가를 지고 나를 따를 것이니라 누구든지 자기 목숨을 구원하고자 하면 잃을 것이요 누구든지 나와 복음을 위하여 자기 목숨을 잃으면 구원하리라"(막 8:34-35).

예수 제자의 특징을 알면, 역으로 제자 아닌 예수 팬들의 특징도 알 수 있습니다. ⅰ 예수 팬들은 결정적인 순간에 자기를 위하여 변명합니다. 꾸물거리고 미룹니다. 따르지 않을 이유를 댑니다. ⅱ 예수 팬들은 항상 딴 주머니를 차고 있습니다. 그래서 희생하지 않습니다. 예수에게 전부를 거는 일은 전무합니다. "그대는 예수 제자입니까? 예수 팬입니까?"

반(半)만 그리스도인

네 번째 권면입니다. 말씀에 순전하십시오. 말씀에(복음에) 더하거나 빼지 마십시오. 예수로 인해 구원받은 자가 따를 것은 예수님뿐이지 또 다른 대상을 더할 수 없습니다. 그런데 많은 분이 구원의 은혜를 주신 예수도 따르고 세상의 것도 따르는 것을 보게 됩니다. 소위 '혼합주의'라고도 하지요! 저는 '반(半)만 그리스도인'이라 부릅니다. '양다리 그리스도인'이라고 하지요! 이들은 "딱 영생을 얻을 만큼만 헌신하겠다"라고 합니다. 나머지는 세상의 것에 헌신하여 세상의 부요함을 누리고자 합니다.

그러나 속지 마십시오. 혼합주의(반만 그리스도인)는 하나에 하나를 더하여 더 풍성한 것을 누리는 것처럼 보이지만, 사실은 더하거나 곱하는 것도 아닙니다. 오히려 빼는 것이고 나누기 0을 하는 것으로 결론은 '0'(zero)이 되고 맙니다.

이 혼합주의의 결말은 성경에 있는 이스라엘 역사가 생생하게 증언하는 바입니다.

i 애굽의 노예로 살던 그들이 하나님의 능력으로 출애굽했으니 오직 은혜로 구원받았습니다. 하나님은 하나님의 백성으로 살 수 있도록 율법(십계명과 레위기)도 주셨습니다. "나는 너희의 하나님이 되려고 너희를 애굽 땅에서 인도하여 낸 여호와라 내가 거룩하니 너희도 거룩할지어다"(레 11:45). 그리고 구원받은 백성으로 살아가야 할 가나안 땅도 주셨습니다. 하나님의 백성으로 살아서 열방을 하나님께로 인도하는 제사장의 나라가 되라는 것이지요!(출 19:6) 그래서 모든 것을 더하여 주셨습니다.

ii 그러나 그들은 구원받은 백성으로 살지 않았습니다. 오히려 세상으로 비유되는 가나안 땅에서 그 땅의 우상(바알과 아세라)을 섬겼습니다. 그 우상을 향해 '주님'이라 불렀습니다. 그 우상이 요구하는 타락한 종교 풍습과 생활 풍습을 좇았습니다. 그런데 중요한 사실은 그들이 여호와 하나님을 완전히 버린 것이 아니었습니다. 여호와 하나님도 섬기면서 가나안 우상 신도 섬겼습니다. 성전에서 예배를 드리면서 동시에 산당에서 우상신에게 절했습니다. 왜 이들은 혼합, 반반(半半)을 선택했을까요? 하나에 하나를 더하면 더 많은 풍요를 누릴 것으로 믿었기 때문입니다. 즉 혼합주의 최종 목적은 이 땅에서의 풍요인 '세속주의'인 것이지요! 결국 신앙에 뭔가를 더하는 이유는, 수많은 고상한 신앙적 이유를 가져다 붙이더라도 그 내면은 이 땅에서의 풍요입니다. 소위 '맘모니즘'(mammonism)으로 결국 '돈'인 것이지요.

ⅲ 주님은 선지자들을 보내시어 "돌이키라"는 회개를 선포했지만, 그들은 끝내 돌이키지 않았습니다. 이스라엘은 어떻게 되었습니까? 하나님의 영광이 성전을 떠났습니다. 그러자 나라가 망했습니다. 이 땅의 지역 교회가 망한 것입니다. '1+1=2'가 된 것이 아니라, '1+1=0'이 된 것입니다.

하나님 나라의 백성으로 부른 이스라엘이 왜 이렇게 되었습니까? 결국 인생 사용설명서인 말씀을 버렸기 때문입니다. 말씀이 없으니 말씀을 사색할 리 없습니다. 그러니 그들이 구원받은 목적을 모릅니다. 구원받은 목적을 모르니 "땅의 모든 족속이 너로 말미암아 복을 얻을 것이라(창 12:3)"는 사명을 알 리 없습니다. 사명이 없으니 세상과 같이 되어 세상에서 좋다는 것을 다 혼합합니다.

이스라엘이 멸망한 첫 단추는 말씀을 모르는 데서입니다. 즉 말씀을 가까이하지 않은 데서입니다. 그럼 왜 말씀을 몰랐는가? 말씀을 가르쳐야 할 레위인들이 말씀을 가르치지 않았습니다. 그래서 백성은 무지했습니다. 말씀을 가르쳐야 할 레위인들 역시 말씀을 가까이하지 않았고, 말씀을 사랑하지 않았고, 세상을 사랑했다는 것이지요! 그 내용이 사사기의 결말이자, 이스라엘 멸망의 요인이었습니다.

이스라엘이 이 땅에 있는 교회의 모형일 때 시사하는 바가 큽니다. 교회는 주님의 '말씀'을 따라야 합니다. 교회는 '복음'을 따라야 합니다. 교회는 말씀에 순전해야 합니다. 그 외에 다른 것을 더한다면, 그것은 교회가 망하는 길입니다. 가장 작은 단위의 교회인 -성령의 전인- 각 그리스도인도 동일합니다.

특히 부모인 그리스도인들에게 권면합니다. 자녀들의 고등학교, 대학교 진학을 위해, 그리고 취업을 위해 학원비로 얼마나 많은 금액을 소모하고 있습니까? 반면에 자녀가 말씀을 배우고 가까이하는 일에는 어떤 지출을 하고 있습니까? 그 자녀가 세상 지식을 많이 아는 것에는 기분이 좋습니다. 반면에 말씀이 없는 아이가 됨에도 애타거나 가슴을 졸이지 않습니다. 역사의 교훈을 기억하십시오. 말씀이 없는 아이는 더하기(+)와 곱하기(×)의 삶을 사는 것이 아니라, 결국 나누기 영(÷0)의 삶, 즉 제로(zero)의 삶을 사는 것입니다. 진학과 취업에는 성공했을지는 몰라도 하늘나라의 삶을 살지는 못합니다. 더 안타까운 것은, 이렇게 말해도 깨닫지 못한다는 것입니다. 자식에 관해서는 애써 눈을 감는 것이지요. 결국 많은 것을 잃고서야 깨닫기에 아쉬움이 남습니다.

무엇이 어리석은 것입니까?

참된 길을 발견하고 만나고서도 그 길을 가지 않는다면 어떠하겠습니까? 예를 들어, 보물이 그려진 보물 지도를 받아들고서도 다른 길로 간다면, 보물을 갖지 못할 것입니다. 이를 향해 어리석다고 말하지 않겠습니까? 무엇이 어리석은 것입니까? 예수님을 나의 구주와 나의 하나님으로 믿고 길이요, 진리요, 생명이신 주님을 따르는 것이 과연 어리석은 것입니까?

바디매오는 말합니다. "길이요, 진리요, 생명이신 주님을 만나고서도 그 길을 걷지 않는 것이 어리석음이요! 진리를 만나고서도 세상의 거짓에 넘어지는 것이 어리석음이요! 참 생명(즉 영원한 생명)을 받고서도 결국 사라지고 썩어질 세상의 허무함을 따르는 것이 어리석음이다!"

예수님을 믿는다고 하면서도(자신은 믿음이 있다고 하면서도) 말씀을 가까이하지도 않고 말씀 자체이신 예수님을 묵상하지도 않고 예수님을 따르는 제자의 삶(즉 예수다움)을 구하지 않는다면, 그 믿음을 과연 구원받은 믿음이라고 할 수 있겠습니까? 믿는다고 하는데도 그 말씀과 예수와는 전혀 상관없이 산다면, 과연 그가 믿는다고 할 수 있겠습니까? 어떻게 답하시겠습니까?

성경의 경고와 격려입니다. "묵시가 없으면 백성이 방자히 행하거니와 율법을 지키는 자는 복이 있느니라"(잠 29:18)

말씀이 없는 자는 망하거니와!

그러나 말씀이 있는 자는 망하는 법이 없습니다! 왜냐하면 말씀이 그를 지키기 때문입니다.

말씀을 가까이하는 자!

말씀을 묵상하여 지키는 자!

말씀이신 예수님을 따르는 제자!

말씀에 순전한 제자!

그들이 진짜 그리스도인입니다.

진짜 그리스도인으로 살아가기를 축복합니다.

〈나눔: 첫 번째 권면, 말씀을 가까이하십시오〉

❶ 내가 말씀을 가까이하는 비중은 어느 정도입니까? 일주일에 몇 번 말씀을 읽는지요? 지금의 생활에서 말씀의 능력을 경험하고 있습니까?
❷ 말씀을 통해 내가 구원받은 목적을 발견한 적이 있습니까? 무엇입니까? 나누어 봅시다.

〈나눔: 두 번째 권면, 말씀을 사색(묵상)하십시오〉

❶ 말씀을 묵상함으로 믿음과 영적 성장을 이룬 경험이 있습니까? 그래서 말씀 묵상을 통해 더욱 하나님의 사람으로 온전해지는 경험이 있습니까? 나누어 봅시다.

〈나눔: 세 번째 권면, 팬이 되지 말고 예수 제자가 되십시오〉

❶ 예수 팬의 특징을 예수 제자도와 비교하여 말하여 봅시다.
❷ 나는 예수 팬입니까? 예수 제자입니까? 솔직하게 나누어 봅시다. 그리고 진심은 무엇인지도 나누어 봅시다.

〈나눔: 혼합주의/ 반(半)만 그리스도인〉

❶ 말씀을 따르는 삶과 버리는 삶의 대조를 삶의 경험에서 해 보셨습니까? 그때 얻은 교훈은 무엇이었습니까?
❷ 그리스도인조차 신앙에서 세속을 선택하고 더하는 이유는 무엇이겠습니까? 어떻게 하면 신앙의 울타리를 지킬 수 있겠습니까?

| 에필로그 |

<u>시작하지 않으면 아무것도 아니기에 시작한다.</u>

솔직히 책을 내는 것은 여간 두려운 것이 아닙니다. 왜일까요? 스스로 보기에도 부족하기 때문입니다. 완벽하다거나 탁월해 보이지 않기 때문입니다. 각 장에 있는 메시지를 처음 작성할 때는 만족하며 타이핑을 했습니다. 그러나 뒤로 물러나 다시 보면 언제나 어색한 문장이나 오타가 얼굴을 내밀고 있습니다.

그런데 소망이 있었던 것은, 한 번의 수정을 끝내고 나면 이전보다 더 정제된 표현이 되었고 읽기도 좋아졌기 때문입니다. 그만큼 실수가 줄어든 탓입니다. 물론 완벽한 것은 없을지라도, 수정을 거듭할수록 더 나은 문장이 됩니다.

여기서 배웠습니다.
시작하지 아니하면 끝도 없다는 것을!
시작하지 아니하면 아무것도 남지 않는다는 것을!
시작해야 더 나은 것이 나올 수 있습니다. 시작해야 실수를 알 수 있고, 심지어 실패를 알 수 있습니다. 실수나 실패를 인지했다는 것은 더 나음을 위해 수정할 수 있고, 변화할 수 있고, 성장할 수 있는 시작이 되는 셈입니다. 따라서 시작해야 나아지는 법입니다. 시작하면 성장할 수 있기에, 지금이라도 시작함이 지혜임을 깨달았습니다. 그래서 용기를 내서 본서를 시작했습니다.

완벽하거나 탁월하지 않기에, 하나님 앞에서나 사람들 앞에서 두렵기도 합니다. 그러나 완벽하지 않기에 성장할 수 있기를 바랄 수 있었습니다. 즉 불완전함과 성장에 대한 소망에서 용기를 얻었습니다. 본서를 발판 삼아 분명한 하나님의 메시지를 선명하게 드러낼 수 있는 능력이 저 자신에게도 더하여지기를 소망합니다.

이제 다시 시작이다

"시작하면 시작된다"라는 논리로 각 Chapter의 중심 문장을 담아 다음과 같이 조언합니다.
- ✓ (1 "다윗의 자손 예수여") 말씀에 대한 올바른 반응을 시작해 보십시오.
- ✓ (2 "많은 사람이 꾸짖어") 낮은 자에게까지 믿음으로 반응을 시작하십시오.
- ✓ (3 "듣고 소리 질러") 진짜 복음으로 세상을 이겨나가 보십시오. 복음 능력이 진짜 시작됩니다.
- ✓ (4 "그러나 더욱 크게 소리 질러") 최악의 상황에서도, "그러나"의 믿음으로 더욱 최상을 꿈꾸기 시작하십시오.
- ✓ (5 "그러자 예수께서 머물러 서서") 먼저 그 나라와 그 의를 행하기 시작하십시오. 결과는 하나님이 책임지십니다.
- ✓ (6 "겉옷을 내버리고") 예수님을 보물 삼기로 시작하십시오. 딴 주머니

가 사라집니다.
- ✓(7 "네게 무엇을 하여 주기를 원하느냐") 영적 훈련을 기꺼이 시작하십시오. 주께서 도우시며 성장케 하실 것입니다.
- ✓(8 "네 믿음이 너를 구원하였느니라") 내가 믿는 믿음의 내용을 점검하십시오. 그리고 주께 받은 은혜를 겸손히 자랑하십시오.
- ✓(9 "곧 보게 되어") 말씀에 대한 사랑을 시작하십시오. 말씀을 하나님 대하듯 하십시오. 말씀이 충분히 가르쳐 주실 것입니다.
- ✓(10 "곧 보게 되어 예수를 따르니라") 말씀이 능력임을 믿으십시오. 말씀에서 격려와 치유와 구원과 변화가 시작됩니다.
- ✓(11 "따르니라") 팬이 아닌 제자의 삶을 시작하십시오. 진짜 그리스도인의 삶이 시작됩니다.

한 영혼에 대한 시작이 결실하기를

코로나가 한창일 때(2021년 5월경), 수요 기도회로 모일 수 없는 상황이 전개되었습니다. 그래서 현장 모임이 아닌 영상 메시지로 전환했습니다. 미리 녹화하고 모임 시간에 맞추어 유튜브로 송출했습니다. 그날 메시지 주제는 "언약"이었습니다. 4회에 걸쳐 구속 언약, 행위 언약, 은혜 언약(2회)으로 진행했습니다. 판서에 메시지를 미리 작성하고 도표를 그려가며 언약 메시지를 전했습니다.

그로부터 14개월 후, 교회로 한 통의 전화가 왔습니다. 자신은 용인에 사는 성도라고 했습니다. 자신은 "구원이 취소될 수 있다"는 교리로 가르침을 받았다고 했습니다. 그래서 구원의 취소 가능성 때문에 자신은 언제나 불안했다고 했습니다. 마침 깊은샘 교회 유튜브에서 구속 언약에 대한 하나님의 말씀을 듣게 되었고, 자신의 구원이 얼마나 안전한지에 대해 감격했다고 했습니다. 그 기쁨을 병상에 있는 어머니와 나누었고 자녀들과도 나누었고, 가족 모두가 하나님이 이루시는 구원의 안전으로 인해 기쁨을 누린다고 했습니다.

이때 큰 깨달음을 얻었습니다. 비록 알려진 유명한 목사도 아니고, 조회수가 기록적인 설교자도 아닌데도 하나님은 그날 그때 예비한 영상을 통해 두려움에 쌓인 한 여인을 안전하게 하셨고, 구원의 풍성함을 가족과도 누리게 하셨다 사실입니다.

본서의 출간을 놓고 참 고민이 많았습니다. 그러나 용기를 내어 시작합니다. 주께서 예비한 한 영혼이 있음을 믿고 시작합니다. 감사하게도 출간 전 수정을 도와주신 분들이 본서가 전하는 하나님의 위로와 격려를 먼저 누렸습니다. 한 영혼이 말씀을 통해 진짜 그리스도인으로 새롭게 빚어지고 있었습니다.

이것을 징표로 삼아 용기를 내었습니다. 평범한 일상을 살아갈 한 명의 진짜 그리스도인을 격려하자는.

시작합시다.
하나님이 주신 평범한 일상을 진짜 그리스도인으로 사는 삶을 시작합시다.
비록 진짜 그리스도인이 나 홀로 일지라도, 주님은 일하십니다.
비록 나 홀로 일지라도, 주께서 생명의 역사를 이어가실 것입니다.

디매오의 아들

2024년 2월 6일 1쇄 발행
2024년 10월 12일 2쇄 발행

지은이   최기열
표지디자인 김민서
펴낸곳   삼광문화사
등록번호   제1-153호
등록일   1989년 12월 12일
주소   대구광역시 중구 명륜로23길 59
전화   053-421-6060
저작권자   ©2024 최기열

ISBN 978-89-94959-33-7 03230

정가 10,000원

저자와 협의에 의하여 인지 첨부를 생략합니다.
이 책의 판권은 저자에게 있으며 저자의 허락없이 무단전재 및 복제를 금합니다.
파본 및 잘못된 책은 교환하여 드립니다.